21

I0183594

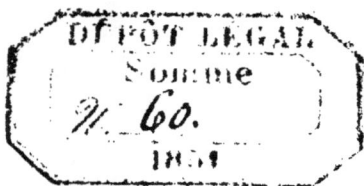

LES

MAYEURS ET LES MAIRES

D'ABBEVILLE.

—

1184. — 1847.

LES MAYEURS

ET

LES MAIRES

D'ABBEVILLE.

1184. — 1847.

ABBEVILLE,

IMPRIMERIE T. JEUNET, RUE SAINT-GILLES, 108.

1851.

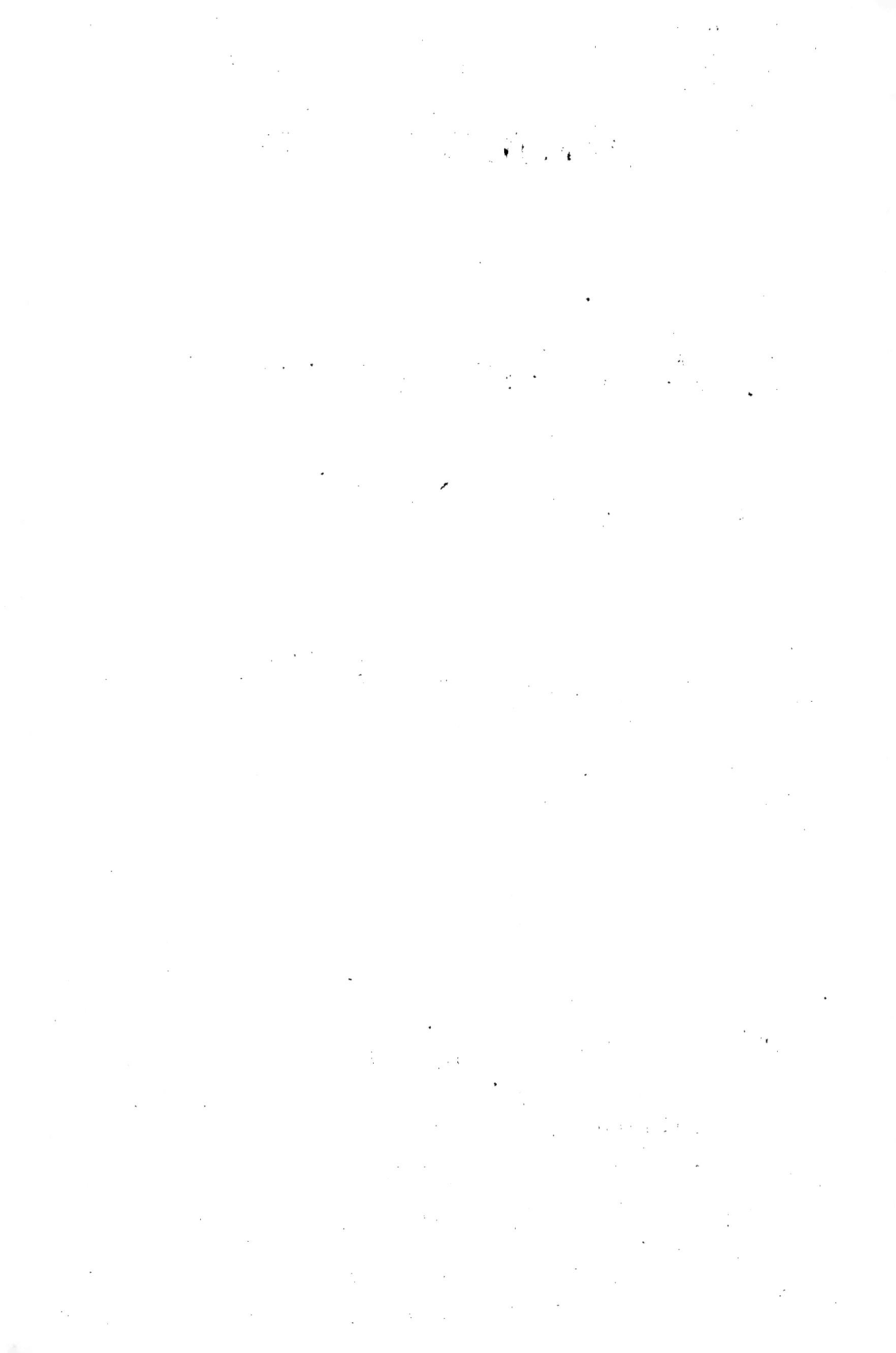

Par la date de son affranchissement, par l'importance de ses libertés municipales, Abbeville, on le sait, est placée au premier rang dans le mouvement du XIIme siècle, qui ouvrit une ère nouvelle pour la société Française. Les magistrats qui ont administré notre ville dans les plus mauvais jours du moyen-âge, et ceux qui plus tard, quand le pouvoir royal eut grandi, furent appelés à la régir par la confiance des princes, forment une sorte de dynastie de sept siècles. Sans doute, dans les âges modernes, l'autorité municipale a bien perdu de son omnipotence : nous ne sommes plus au temps où les mayeurs marchaient à la guerre sous la bannière de la commune, où ils exerçaient souverainement la justice, condamnaient à mort et conduisaient

1

eux-mêmes les coupables jusqu'au Pilori; mais quand leurs fonctions cessent d'exciter la curiosité historique, elles restent assez importantes pour mériter la reconnaissance. Aujourd'hui, elles sont encore ce qu'elles étaient à l'origine de nos libertés civiles, une magistrature respectée, conférée tout à la fois par les suffrages des citoyens et l'autorité souveraine, limitée par la loi, mais toujours puissante pour le bien, et payée seulement par l'estime publique. Nous croyons donc intéresser nos concitoyens en leur offrant, à partir de 1184 jusqu'à nos jours, une liste complète de nos mayeurs et de nos maires. Cette liste qui, dans le père Ignace, s'arrête à l'année 1656, a été rectifiée et dressée d'après les documents conservés aux archives d'Abbeville.

Quelques honorables familles de notre ville y retrouveront leurs ancêtres, et nous tous, électeurs municipaux du XIXme siècle, nous y retrouverons des magistrats intègres, dévoués au bien public, et qui dans tous les temps ont pu prendre pour devise ces mots qu'on lisait au XVIIIme siècle sur leur médaille d'honneur : *Civici pignus amoris.*

Les divers faits qui se sont passés sous l'administration des magistrats dont nous donnons ici les noms ayant été consignés dans notre **Histoire** *du Ponthieu,* nous avons été souvent contraint, faute de documents biographiques, de nous borner à une simple nomenclature ; mais la liste que nous présentons à nos concitoyens a été complétée à l'aide de divers renseignements de détail qui n'avaient pu trouver place dans notre premier travail.

F.-C. LOUANDRE.

LES
MAYEURS ET LES MAIRES

D'ABBEVILLE.

1184. — 1848.

1184

GAUTIER PATIN.

C'est ce mayeur qui figure comme témoin dans la charte d'affranchissement de la commune d'Abbeville, dont l'original existe encore aux archives. Si l'on en croit le père Ignace, le célèbre médecin Gui Patin était de la même famille que le mayeur Gautier Patin. Ce mayeur demeurait rue Saint-Vulfran, sur l'emplacement de l'ancien hôtel de Rambures, nos 68, 70 et 72.

1185

ALEAUME DE FONTAINES,
Seigneur de Long, Long-Pré.

Il suivit le roi Philippe-Auguste à la Terre-Sainte, en 1190 et y resta avec les autres chevaliers laissés par ce prince après son départ. Il rejoignit en 1204 les croisés qui, sous les ordres de Bauduin, comte de Flandre, du marquis de Montferrat, du doge de Venise et du comte de Blois, s'emparèrent de Constantinople pour rendre la couronne à l'empereur Isaac, qui avait été détrôné par son propre frère Alexis. Aléaume de Fontaines mourut l'année suivante, après avoir chargé son chapelain de porter à l'église de Long-Pré les reliques qu'il avait recueillies tant en Palestine qu'à Constantinople. La maison de Fontaines, l'une des plus illustres de la province, s'est perpétuée dans le pays par les femmes jusqu'à nos jours. Madame de Fontaines, la romancière, appartenait à cette famille par son mariage avec M. le comte de Fontaines, seigneur de la Neuville-au-Bois, Wiry, Vron, etc., dont elle eut un fils et une fille, qui, devenue madame de Fontanges, fut dame d'honneur de la princesse de Conti. Madame de Fontaines mourut en 1730.

Les armoiries d'Aléaume de Fontaines sont placées dans les salles des croisades du musée de Versailles.

1186
Robert QUIERET,
Seigneur de Tours en Vimeu.

Hugues Quieret, amiral de France sous le règne de Philippe de Valois, fut tué au combat naval de l'Écluse, en 1340.

1187   Gautier DE LA RUE.

1188   Gautier CLABAULT.

1189   Gautier DE ROGEHAN.

1190   Hugues DE BOUBERS.

1191   Allard LANGLOIS.

1192   Gautier CLAREMBAULT.

1193   Gautier PATIN.

1194   Hugues LE VER.

Le dernier héritier de ce nom, M. le marquis le Ver, est mort dans son château de Roquefort, près d'Yvetot, le 8 octobre

1840. Ancien colonel de cavalerie et chevalier de Saint-Louis,
M. le Ver, né à Amiens, en 1760, émigra dès le commencement
de la révolution, fit ses premières campagnes dans les armées
des princes, et rentra en France vers 1800. Ayant recouvré
la plus grande partie de sa fortune, il s'en fit le plus grand
honneur en cultivant les lettres, les sciences et surtout les
antiquités relatives à l'histoire de la Picardie et du Ponthieu.
Un intérêt tout particulier et comme personnel l'attachait en
effet à l'exploration de nos annales. En 1184, Hugues le Ver,
un de ses aïeux, assiste comme échevin à la rédaction de la
charte d'affranchissement d'Abbeville; en 1194, il est élu
maire et depuis cette époque jusqu'en 1439, les membres de
cette honorable famille sont fréquemment appelés par le
vœu de leurs concitoyens à régir la cité en qualité de mayeurs.
En 1346, le mayeur Colart le Ver, aussi brave soldat que magistrat intègre, marche à la tête des bourgeois contre les
Anglais, la veille même de la bataille de Crécy; il leur tue 200
hommes et ramène 80 prisonniers. Le courage et la loyauté
se sont transmis ainsi jusqu'à nos jours avec le nom de le
Ver, et le dernier descendant de ce nom, toujours dignement
porté, a aussi payé sa dette par son zèle éclairé pour l'encou-
ragement des sciences et des lettres et le plus noble emploi
d'une grande fortune. M. le Ver, l'un des fondateurs de la
Société de l'histoire de France, dont ses confrères le nommèrent directeur en 1832, avait quelque temps auparavant
proposé et fait le fonds d'un prix de 300 fr. pour le meilleur
Mémoire sur l'établissement et les progrès du christianisme
dans la seconde Lyonnaise. Malgré son grand âge, il assistait
encore dans les dernières années de sa vie à tous les congrès
scientifiques, et il revenait de celui de Besançon quand la mort
vint le frapper. Il a publié plusieurs dissertations remar-
quables, entre autres : *Notice sommaire sur quelques difficultés
historiques relatives à Jean de Bailleul, roi d'Ecosse*. Il avait
préparé une traduction de la *Chronique de Centule*, par Ha-
riulfe, à laquelle devait être jointe une carte du Ponthieu
du Vimeu. (Voir la *Biographie Universelle*.)

1195   GAUTIER PATIN.

1196   RAOUL DESCAULES.

Entre les nobles de ce pays, disait Charles de Rambures, messieurs les Descaules sont les plus anciens en noblesse. — Un des membres de cette famille, dom Antoine Descaules, fut professeur d'hébreu en l'Université de Salamanque.

1197   HUGUES LE VER.

1198   GAUTIER CLAREMBAULT.

1199   HUGUES LANGLOIS — FIRMIN DE SENARPONT

1200   GAUTIER PATIN.

1201   ALLARD LANGLOIS.

1202   HUGUES LE VER.

1203   LAURENT LEMOITIÉ ou LE MOITIER.

1204   GILLES DE MONTOMER.

1205   ANDRÉ DE MOYENCOURT.

1206   MATHIEU VARLUSEL.

1207   ALLARD LANGLOIS.

1208   PIERRE DE PAS.

1209   PIERRE LE MAIRE.

C'est sur l'emplacement du Bourdois, on le sait, que la commune avait élevé son premier Beffroi et tenu ses assemblées. Ce local ayant cessé d'être assez vaste, Guillaume III, comte de Ponthieu, permit en 1209 aux mayeurs et échevins de bâtir un autre Hôtel-de-Ville, près de l'église Saint-André. La grosse tour quadrangulaire qui supporte encore le clocher de cet hôtel date de cette même année.

1210   HUGUES DE LA RUE.

1211   SIMON DE DAMIETTE.

1212	GAUTIER **TIERSLIN** ou **TIERCELAIN**.
1213	Le nom du mayeur qui administra la ville dans le cours de cette année est inconnu.
1214	PIERRE LE **MAIRE**.
1215	GAUTIER **PÉLERIN**.
1216	JEAN DE **MAILLEFEU**.
1217	HUGUES **TORCHARS**.
1218	ANSCHER **MOUCHE**.
1219	GAUTIER **FACEBROYE**—GAUTIER **BARBAFUST**
1220	RAOUL **CAUVINS**.
1221	JEAN DE **MAILLEFEU**.
1222	JEAN DE **GARLANDE**.
	D'une famille alliée peut-être aux Garlandes qui, sous Louis-le-Gros et son fils, formèrent comme une dynastie de ministres.
1223	PIERRE **FAFFELIN**.
1224	GAUTIER **PÉLERIN**.
1225	RENIER **AU COSTÉ**.
1226	GAUTIER **BARBAFUST**.
	BERNARD **LE CARBONNIER**.
1227	RENIER **AU COSTÉ**.
1228	SAUVALO **CLARBOURS**.
1229	JEAN DE **GARLANDE**—SAUVALO **CLARBOURS**
1230	RAOUL DE **FONTAINES**.

1231	Thomas le GROS — Torestan PIFFES.
1232	Hugues DE MOYENNEVILLE.
1233	Renier AU COSTÉ.
1234	Bernard GILLEBELÉE.
1235	Torestan PIFFES — Renier AU COSTÉ.
1236	Thomas LE VER.
1237	Hugues DE MOYENNEVILLE.
1238	Thomas LE VER.
1239	Gilles DE SENARPONT.
1240	Thomas LE VER.
1241	Guiffroy PIFFES.
1242	Thomas LE VER.
1243	Jean FAFFELIN.
1244	Thomas LE VER.
1245	Gilles DE GARLANDE.
1246	Jean DE BARBAFUST.

Ce mayeur portait treize fleurs de lis dans ses armes. On peut conjecturer d'après ce blason que ses prédécesseurs ou lui-même avaient rendu au roi quelque service signalé. La famille Barbafust, qui a long-temps subsisté à Abbeville, a donné son nom à une rue de cette ville où se voit notre plus ancienne maison. L'Hôtel-de-Ville avait affecté une rente destinée à tenir toujours propre la place du Marché-aux-Herbes, au fond de laquelle demeuraient les Barbafust.

1247	Gilles DE GARLANDE — Jean DE BARBAFUST.
1248	Firmin DE ROGEHAN.

1249   Guiffroy **PIFFES.**

Ce mayeur, comme Gilles de Garlande, mourut dans l'exercice de ses fonctions, et Jean de Barbafust lui succéda.

1250   Jean de **BARBAFUST.**

1251   Gillon de **GARLANDE**, fils de Gilles.

1252   Firmin de **ROGEHAN.**

1253   Gilles de **SENARPONT.**

1254   Jean de **BARBAFUST.**

1255   Gilles de **SENARPONT.**

1256   Firmin de **ROGEHAN.**

1257   Gui **LENGANEUR.**

1258   Nicolas **ALEGRIN.**

Il appartenait à la famille de Jean Alegrin, doyen de l'église d'Amiens, puis archevêque de Besançon, et depuis cardinal-évêque du titre de Sainte-Sabine. Cette famille jouissait d'une grande illustration, puisque l'un des frères de Jean Alegrin était chancelier de France, en 1240, sous le règne de Saint-Louis. Jean Alegrin, distingué par sa naissance, paraît cependant n'avoir dû son élévation qu'à ses talents. Le cardinal de Columna, après avoir fait part à Ottoboni, légat en Angleterre, du chagrin que lui donnait la confusion qui régnait alors à la cour de Rome, lui parle de notre prélat en ces termes : « Ce qui met le comble à notre douleur, c'est que cette colonne illustre qui soutenait avec tant de gloire l'édifice de l'église, je veux dire le vénérable cardinal de Sabine, a été enlevé subitement du milieu de nous. En proie d'abord à un mal violent qui se changea en une lente agonie, il nous a quittés pour se rendre dans le royaume du Seigneur, laissant à l'église, sa mère, la douleur de sa perte, qui est pour elle un sujet de gémissements et de deuil. »

(Voy. *Histoire Littéraire de la France*, t. XVIII, p. 162.)

1259	Firmin de ROGEHAN.
1260	Nicolas LE BOUCHER.
1261—1262	Jean de BARBAFUST.
1263	Nicolas LE BOUCHER.
1264—1265	Gui LENGANEUR.
1266	Firmin de ROGEHAN.
1267—1268	Hugues DU PONT.
1269	Firmin LE VER.
1270	Hugues DU PONT.
1271	Gautier DE GISORS.
1272	Hugues DU PONT.
1273	Gilles LANGLOIS.
1274—1275	Pierre FAFFELIN.
1276	Hugues DU PONT.
1277	Jacques LE CARBONNIER.
1278	Hugues DU PONT.
1279	Pierre FAFFELIN.
1280	Jacques AU COSTÉ.

Voici le texte des lettres en vertu desquelles un autre membre de cette famille, Pierre au Costé, fut, en 1279, nommé par le roi d'Angleterre, receveur de ses revenus dans le Ponthieu.

« Edward, par la grace de Deu, roys de Engleterre et Alienors sa compaingne, fesons asaver à tous ke nous avons establi et establissons Pieres au Costé, nostre bourgois de Abbevile, receveur de tutes nos rentes ke nous avons en Ponthieu, tant en bois cum en autre choses, et averons asciz ferme et estable tut ceo ke em fera à ly en nostre noun. Et en tesmoignage de ceste chose, nos li avons fet aver ces présentes lettres seellés de no seaus, et furent donés au Gart (1) en le an de grace mil CCLXXIX, el meis de jun, la vigile sein Barnabé le apostole. (*Lettres de rois, reines et autres personnages des cours de France et d'Angleterre*, dans la Collect. des documents inédits, p. 232.)

1281

Renaud BOISSET.

Il y eut cette année entre les habitants d'Abbeville et le roi d'Angleterre un accord pour que celui-ci pût construire un château ou fortifier son manoir dans la ville.

1282

Willart REVEL.

La commune d'Abbeville, en 1282, s'engagea à ne rien entreprendre contre le comte et la comtesse de Ponthieu, et leur permit de faire des portes aux murs de la ville, partout où cela leur paraîtrait convenable.

La même année, Guillaume de Macon, évêque d'Amiens, écrivit à Édouard Ier, roi d'Angleterre, pour le prier d'ordonner à son sénéchal de maintenir les bourgeois dans leurs priviléges.

(Voy. *Lettres de rois, reines, etc.*, p. 296.)

1283

Renaud BOISSET.

1284

Pierre de MAREUIL — Jacques AU COSTÉ.

Le 30 juin 1284, Édouard Ier mande à Thomas de Sandwich, sénéchal de Ponthieu, de faire vendre cent journaux de bois

---

(1) Le château du Gard-les-Rue. — Ce château, détruit à une époque inconnue, et dont il ne reste qu'un amas de décombres, était situé sur un vaste monticule entouré d'un fossé large et profond, qui fait aujourd'hui partie du domaine de Moncourt, appartenant à M. Siffait, juge de paix. Le roi d'Angleterre y signa encore d'autres actes relatifs à l'administration du Ponthieu. (Voir les *Lettres de rois, reines, etc.*, dans les documents inédits, et l'*Histoire d'Abbeville*, t. Ier pag. 206 et t. II, p. 311.

dans sa forêt de Crécy, dont le prix servira à payer ce qu'il doit au trésorier du Temple à Paris et à l'acquittement de plusieurs autres dettes.

1285	PIERRE DE MAREUIL — WILLARD REVEL.
1286	WILLARD REVEL.
1287	HUGUES DU PONT.

Mort pendant l'exercice de sa charge, fut remplacé par JACQUES LE CARBONNIER.

1288	JACQUES AU COSTÉ.
1289	PIERRE FAFFELIN.
1290	MATHIEU LENGANEUR.
1291	RENAUD BOISSET.
1292	MATHIEU LENGANEUR.
1293	PIERRE DE MAREUIL — WILLARD REVEL.
1294	WILLARD REVEL.
1295	FIRMIN COULARS — RENAUD BOISSET.
1296—1297	RENAUD BOISSET.
1298	FIRMIN COULARS.
1299	PIERRE DE MAREUIL — JACQUES CLABAULT.
1300	JACQUES CLABAULT — JACQUES AU COSTÉ.
1301	JACQUES AU COSTÉ — HUGUES BROKETE.
1302	MATHIEU LENGANEUR — JACQUES AU COSTÉ.
1303	JACQUES CLABAULT.
1304	MATHIEU LENGANEUR.

1305   Firmin COULARS — Pierre de MAREUIL.

Firmin Coulars mourut dans l'exercice de ses fonctions, et
Pierre de Mareuil lui succéda.

1306   Jean FAFFELIN.

1307   Jean PETIT, Jacques CLABAULT.
Pierre de MAREUIL.

On sait qu'Edouard 1er, roi d'Angleterre, ne voulut faire que
par délégation aux magistrats municipaux d'Abbeville le
serment de respecter leurs franchises et priviléges. Edouard
II se borna comme lui à prêter ce serment dans son ame et
par procureur, comme nous l'apprend l'acte suivant :

« Edward, par la grâce de Dieu, etc., counte de Pontif et de
Mustroill, à tous ceux qui ces lettres verront ou orront, salutz.

Sachetz que nous avons establi, et mis en nostre lieu nostre
cher et féal, Richard de Rokesle, nostre seneschal de Puntif,
et fet nostre léal procureur pur prendre , et receivre les serment et féautez des maieurs, des eskivins et des communes
des bones villes de la dit counté, c'est assaver :

De Abbevill, Rue, Waben, Mareskencter, Crotol , Cressy,
Seint - Gioce , Mustroil, Areins (Airaines) , Arguel , Port et
Tranleel.

E de fere a eus serment pur nous , e en nostre noun, tiel
come nous fumes tenus à faire, e que nos auncestres, countes
de Puntif leur ont fet cea en arcre : de jurer en l'alme de nous
fesaunt ; et de totes autres choses , touchantes les foiautez,
e les sermentz dessusditz fero et dire que nous purroms fere e
dire, si nous mesmes estiom présent.

E tout ceo que nostre dit procureur fra e dirra es choses
dessusdites, nous promettoms a aver firm e estable.

En tesmoignance de ceste chose , nous li avons fet fere
ceste nos lettres patentes. Don. l'an de grace 1307 , le 18
jour de marz. »

(Rymer tom. I pars IV, p. 114).

1308   Jacques CLABAULT, HUGUES BROKETE
Mathieu AU COSTÉ.

1309   Hugues BROKETE.

1310   Jean LORFÈVRE.

1311   Jean LE VICAIRE.

1312   Hugues BROKETE — Jean LORFÈVRE.

1313   Jean LORFÈVRE.

Isabelle, reine d'Angleterre et comtesse de Ponthieu, autorisa cette année les magistrats municipaux d'Abbeville à extraire des tourbes pendant sept années dans les marais de la banlieue.

1314   Pierre CLABAULT.

Les nobles et les bourgeois du Ponthieu s'unirent cette année avec ceux du Languedoc, de la Normandie, de la Champagne, des pays d'Artois, de Vermandois, de Beauvoisis, de Bourgogne, de Corbie, etc., et s'engagèrent par des traités formels, dont plusieurs se sont conservés, à poursuivre par tous les moyens le redressement de leurs griefs contre Philippe-le-Bel, qui s'était aliéné le clergé par ses violences contre le souverain pontife, le peuple par ses guerres, ses exactions, la bourgeoisie par son dédain des priviléges concédés aux villes, « en sorte, dit M. Beugnot, à qui nous empruntons ces détails, que l'aristocratie put croire dans les derniers jours de ce règne que le moment de venger ses vieilles injures et de reconquérir tout le terrain que la royauté lui avait fait perdre, était venu pour elle. Il existe une analogie remarquable, ajoute M. Beugnot, entre la ligue des seigneurs Français en 1314 et l'association des barons Anglais qui, cent ans auparavant, avait arraché au roi Jean-sans-Terre la grande charte, principe des libertés du peuple Anglais. Les empiétements de la royauté étaient, de part et d'autre, les mêmes, et l'aristocratie de France, plus puissante que celle de l'Angleterre, n'apporta dans sa conduite ni moins de résolution,

ni moins d'accord que cette dernière. Cependant les consé-
quences furent bien différentes. Le respect de l'autorité
royale avait trop de force chez les Français pour que les seigneurs osassent déclarer la guerre à leur souverain et marcher
sur sa capitale. Quoique blessés dans leurs plus chers intérêts
et dans leur dignité, ils se contentèrent de déposer au pied du
trône des requêtes plus ou moins humbles.... Le roi, ne pouvant
résoudre à lui seul des difficultés qui exigeaient la connais-
sance du droit public de France et des usages particuliers
aux localités, renvoya l'examen de ces pétitions à son parlement, et dès lors il fut aisé de prévoir que les résultats de
cette levée de boucliers seraient nuls, puisque les gens de loi
intervenaient dans l'affaire.

(Voir *les Olim*, t. III, p. LXXXII et suiv.)

1315 Jean FAFFELIN.

1316 Mathieu GAUDE — Jean FAFFELIN (1).

Mathieu Gaude, seigneur de Saint-Ellier, du Caurroy et
autres lieux, fut bailli d'Abbeville, sénéchal du comté de Saint-
Pol, et gouverneur du vidamé d'Amiens et de Picquigny.
Ce mayeur avait pour cri de guerre : C'EST MON PLAISIR ; il
portait dans ses armes un dragon marin, animal fantastique
dans lequel le père Ignace a cru reconnaître le dragon
décrit par Pline, dans son histoire naturelle.

1317 Thomas LE VER, deuxième du nom.

(1) Nous rencontrons encore ici deux mayeurs dans la même année. Le père
Ignace n'indique qu'un seul nom à cette date et à la plupart de celles où nous
en donnons plusieurs. Il ne peut de notre part y avoir d'erreur, attendu que les
noms ont été relevés sur le *Livre Rouge*, dans des actes qui portent à la suite
du millésime cette indication : *un tel adoncqs mayeur*. Comment expliquer ce
fait? Faut-il penser qu'il existait simultanément à Abbeville un premier, un
second et quelquefois un troisième mayeur, comme à Montreuil? Cette supposition
est inadmissible, puisque le *Livre Rouge* n'en indique qu'un seul à la fois, et d'ailleurs ce fait de deux ou trois magistrats dans la même année est un fait excep-
tionnel, sauf les cas de décès. Nous sommes plutôt porté à croire que par suite de
circonstances qui nous sont inconnues, on nommait quelquefois à Abbeville,
comme en plusieurs autres villes, des mayeurs alternatifs.

2

1318 ## Mathieu AU COSTÉ.

1319 ## Jean FAFFELIN.

Les comptes de la gestion de Jean Faffelin furent, en 1320, examinés pendant deux jours en présence du peuple assemblé au son de la cloche, par deux commissaires des rois de France et d'Angleterre, Jean de Bourbon et Gilebert de Wignetonne, et Jean Faffelin condamné à l'amende pour avoir trop largement rétribué plusieurs agents de l'autorité royale et communale, et retenu à son profit une somme de soixante sous.

1320 ## Renaud COCQUET.

1321 ## Etienne COULARS.

Le roi ayant, en 1321, demandé aux Abbevillois leur avis relativement à l'unité des poids et mesures et de la monnaie, les habitants, comme ceux d'Amiens, Montreuil, Boulogne, etc., répondirent que : « Ce seroit bon et profitable chose au royaume et au commun peuple que il ne corust par tout le royaume que une monoie du roy et que toutes autres monoies fussent abattues et défendues. — *Item*, que partout le royaume ne eust que un pois et mesure. »

Cette unité des poids et mesures fut souvent demandée dans le cours du moyen-âge.

1322 ## Clément DU FOSSÉ.

1323 ## Jean CLABAULT.

1324 ## Etienne COULARS.

Un sergent du roi reçut, en 1324, du prévôt de Saint-Riquier, l'ordre de se rendre au prieuré de Saint-Pierre d'Abbeville pour arrêter un malfaiteur qui s'y était réfugié et que les religieux ne voulaient pas livrer à la justice du maire.

1325 ## Renaud COCQUET.

1326

JEAN CLABAULT.

Plusieurs pièces des archives constatent l'état des rapports qui existaient entre le pouvoir civil et le pouvoir ecclésiastique. La bourgeoisie résiste avec persistance aux envahissements du clergé. En 1326, par exemple, les religieux de Saint-Pierre font creuser un fossé sur un terrain communal. Les habitants en armes vont le combler de vive force. Une autre fois, les Cordeliers, pour s'approprier une place vague, contiguë à leur enclos, la bénissent et veulent en faire un cimetière. Le mayeur, après avoir consulté trois clercs de Paris, *des plus suffisants en droit*, décrète que la bénédiction est non avenue, que le terrain doit rester à la commune et que chacun pourra, comme par le passé, y circuler librement.

1327

THOMAS LE VER.

1328

ETIENNE COULARS — JEAN CLABAULT.

1329

JEAN CLABAULT.

1330

THOMAS LE VER.

1331

CLÉMENT DU FOSSÉ.

1332

ETIENNE COULARS.

1333

THOMAS LE VER.

1334

PIERRE GORRES.

1335

ETIENNE COULARS.

1336

FIRMIN AU COSTÉ ,

Seigneur de Bouillancourt-sous-Miannay.

1337

JEAN AU COSTÉ.

1338

JEAN CLABAULT.

1339

PIERRE GORRES.

1340

PIERRE VIE DIEU.

1341	Thomas LE VER.
1342	Jean CLABAULT.
1343	Pierre VIE DIEU.
1344	Jean AU COSTÉ — Thomas LE VER — Pierre VIE DIEU.
1345	Thomas LE VER.
1346	Colart LE VER, Seigneur de Caux.
1347	Pierre GORRES — Jean CLABAULT — Colart LE VER.
1348	Jean AU COSTÉ.
1349	Eustache CLABAULT.
1350	Pierre GORRES — Gautier CLABAULT.
1351	Etienne COULARS — Pierre GORRES.
1352	Pierre LENGANEUR.
1353	Etienne COULARS, le Jeune.
1354	Jean HERMER.
1355	Jean LAUDÉE.
1356	Pierre LENGANEUR.
1357	Etienne COULARS.
1358	Jean HERMER.

Ce mayeur mourut peu de temps après son élection, et
Robert Faffelin le remplaça.

Les magistrats municipaux d'Abbeville ayant, en 1358,

informé le Dauphin, depuis Charles V, et régent du royaume de France, qu'il y avait dans les environs de cette ville plusieurs châteaux, fortes maisons et moulins dans lesquels l'ennemi pouvait s'embusquer et causer de grands dommages, le régent donna l'ordre au bailli d'Amiens de faire visiter tous les châteaux à cinq lieues à la ronde, de détruire ceux qui seraient reconnus trop faibles pour résister aux attaques des ennemis, de mettre en bon état de défense et de faire garder jour et nuit ceux qui seraient jugés tenables.

1359   PIERRE LANGANEUR.

1360   MATHIEU AU COSTÉ,

Seigneur de Bouillancourt-sous-Miannay.

1361   ETIENNE COULARS, le Jeune.

1362   PIERRE LENGANEUR.

1363   MATHIEU AU COSTÉ.

1364   ROBERT FAFFELIN — MATHIEU AU COSTÉ.

1365   PIERRE LENGANEUR.

1366   ETIENNE COULARS, le Jeune.

1367   MATHIEU AU COSTÉ.

1368   PIERRE LENGANEUR.

1369   FIRMIN DE TOUVOYON.

Dans un acte du mois de février de cette année, Etienne Coulars est qualifié de *Lieutenant de Mayeur*; et Firmin de Touvoyon a le même titre l'année suivante.

1370   ROBERT FAFFELIN.

Un parent de ce mayeur, Girard Faffelin, avait pris à ferme le droit imposé sur les vins pour l'édification de l'église Saint-Georges; mais les temps étaient difficiles, on buvait peu, et

Faffelin, qui se ruinait, eut recours au roi. Charles V enjoignit aux officiers municipaux d'Abbeville d'annuler le bail. Faffelin est bourgeois, dit-il dans ses lettres, et je ne saurais souffrir, moi, roi de France, que mes sujets soient réduits à mendier, et que les *édifications d'église se fassent de la substance d'autrui.*

1371   Etienne COULARS, le Jeune.

« A Mathieu au Costé, eschevin, maistre d'ostel en ceste partie, la somme de IIII livres XIIII sols pour deux diners et despenses faites en divers jours par les mayeur, eschevins et conseillers de ladite ville, à leur retour de l'enterrement et services de deffuntz Jacques Clabault et Raoul Malicorne, en leurs vivants eschevins dicelle ville, qui ont esté portés en terre par lesdits eschevins, et par dessus les dons à eux faits par les héritiers. . . . . IIII liv. XIIII sols. (*Argentiers, année* 1371.)

1372   Mathieu AU COSTÉ.
Etienne Coulars était encore alors lieutenant de mayeur.

1373   Pierre LENGANEUR.

1374   Robert FAFFELIN.

1375   Etienne COULARS.

1376   Mathieu AU COSTÉ.

1377   Robert FAFFELIN.

1378   Etienne COULARS.

1379   Mathieu AU COSTÉ.

1380   Firmin LE VER.

1381   Etienne COULARS.

1382   Mathieu AU COSTÉ.

1383   Firmin LE VER.

1384	JEAN LAUDÉE.
1385	COLART LE CARON.
1386	FIRMIN LE VER.
1387	JEAN LAUDÉE.
1388	GUÉRARD FAFFELIN.

Il y avait alors 24 échevins, divisés en trois séries, *les quatre, les huit, les douze.*

On lit dans les *Comptes des Argentiers* de cette même année : « A Pierre de Latre, tavernier, qui paiés li ont esté pour cause de certaine pipe de vin franchoys de Launoys contenant V muys et trois quarterons à li acatée au pris de XXVIII sols le muy, laquelle a esté donnée et présentée pour l'honneur et estat de la ville par l'ordonnance des esquevins et des maieurs de bannières, à sire Guérard Faffelin, maieur dicelle ville pour le fait de ses neuches (noces) et de demiselle Agnès Le Veresse, sa femme. »

Le 21 mai 1389, Charles VI, roi de France, ordonna au sénéchal de Ponthieu de dresser un état des propriétés immobilières et des rentes que les gens d'église possédaient à Abbeville et dans la banlieue, et de les faire contribuer, en proportion de leurs biens, aux frais de réparation des fortifications de la ville, à l'achat des armes, à toutes les autres dépenses que les bourgeois supportaient seuls et qui les ruinaient. Le roi veut que les membres du clergé d'Abbeville qui refuseraient de payer leur quote-part y soient contraints par voie de justice.

1389	FIRMIN LE FLAMENC.
1390	PIERRE LENGANEUR, deuxième du nom.
1391	JEAN LAUDÉE.
1392	FIRMIN LE FLAMENC.
1393	COLART LE CARON.
1394	JEAN LE CAUCHETEUR.

1395	Pierre LENGANEUR.
1396	Jean LAUDÉE.
1397	Guérard FAFFELIN.
1398	Pierre LENGANEUR.

Dans une lettre du 7 août 1398, Charles VI, roi de France, dit que les Abbevillois lui ont exposé que des Espagnols, des Anglais, des Flamands, des Hollandais, etc., importent chez eux des monnaies étrangères qu'ils ont dû recevoir en paiement de leurs marchandises, car s'ils les avaient refusées, les étrangers seraient partis sans rien acheter, ce qui leur eût été très dommageable, et, comme des commissaires royaux sont arrivés à Abbeville pour informer contre ceux qui avaient reçu et mis en circulation lesdites monnaies, que plusieurs habitants ont pour ce fait été mis à l'amende, Charles, prenant en considération les services que les bourgeois de cette ville lui ont rendus, considérant aussi leur misère, les charges que la guerre a fait peser sur eux, les grandes pertes que le débordement des eaux de la mer leur a causées et leur cause encore journellement, les dispense de payer les amendes auxquelles on les avait condamnés, et annule toutes les procédures faites à ce sujet.

1399	Jean LAUDÉE.
1400	Guérard FAFFELIN.
1401	Firmin LE FLAMENC.
1402—1403	Pierre LENGANEUR.
1404	Mathieu BARBAFUST.

Ce mayeur avait fondé, dans l'église de Saint-Vulfran, la chapelle dite des Barbafust.

| 1405 | Guérard FAFFELIN. |
| 1406 | Jean DE BROUSTELLES. |

| 1407 | Colart MALICORNE, |

Seigneur de Millancourt.

| 1408 | Mathieu BARBAFUST. |
| 1409—1410 | Jacques ROUSSEL, |

Seigneur de Miannay.

| 1411 | Pierre DE MAUTORT. |
| 1412 | Mathieu DE BARBAFUST. |

Sous l'administration de ce mayeur, le comté de Ponthieu fut érigé en pairie, en faveur de Jean de France, duc de Touraine.

1413	Jacques ROUSSEL.
1414	Mathieu BARBAFUST.
1415	Pierre JOURNE.
1416	Jacques ROUSSEL.

On a pu lire, dans l'*Histoire du Comté de Ponthieu*, que les magistrats municipaux étaient responsables envers le roi des impôts auxquels était taxée la ville qu'ils administraient, comme les bourgeois étaient collectivement responsables des dettes contractées par ceux de leurs concitoyens qui trafiquaient en pays étrangers. La confirmation du premier de ces faits se trouve dans les *registres des Argentiers*. On voit dans ces registres, à la date de 1416, entre autres, que Mathieu Barbafust, ancien mayeur d'Abbeville, était détenu avec plusieurs échevins dans les prisons de la cour de Ponthieu, parce qu'une taille imposée sur cette ville, lorsqu'il était en exercice, n'avait pas été payée. Jacques Roussel, alors mayeur, obtint que les détenus seraient transférés dans les prisons du grand Echevinage. La responsabilité dans les fonctions publiques était, on le voit, beaucoup plus sérieuse au moyen-âge que de nos jours.

1417	PIERRE JOURNE.

1418	JEAN JOURNE,

Seigneur de Marlainneville.

1419	JEAN MAUPIN,

Seigneur de la Bouvaque.

Mort pendant l'exercice de sa charge, fut remplacé par
PIERRE JOURNE.

1420	NICOLAS JOURNE.
1421	JACQUES ROUSSEL.
1422	MATHIEU BARBAFUST.
1423	NICOLAS JOURNE.
1424	JACQUES ROUSSEL.
1425—1427	COLART MALICORNE,

Seigneur de Millancourt.

1428	MATHIEU BARBAFUST.
1429	COLART MALICORNE.
1430—1431	JEAN JOURNE.

Une délibération municipale du 8 novembre 1431 porte
que les échevins seront tenus d'assister aux séances du corps
de ville, *en dedans les trois coups de cloche sonnés,* sous peine
de payer *deux blancs* pour boire à leurs collègues, à moins
qu'ils ne justifient qu'ils sont malades ou de garde à l'une des
portes de la ville. Cette décision, n'ayant pas rempli le but
qu'on s'était proposé, fut modifiée ainsi l'année suivante : Les
échevins, conseillers, argentiers, procureurs et clercs qui, sans
motif légitime, ne se rendront pas aux assemblées, payeront
chaque fois 12 deniers parisis au profit de la commune ; ils en

recevront également 12 quand ils y assisteront et le mayeur
en aura 24 ; mais à peine de 4 sous d'amende, il devra faire
convoquer la veille *chacun échevin en sa maison.*

1432	Colart MALICORNE.
1433	Pierre LAUDÉE.
1434—1436	Eustache AU COSTÉ,

Seigneur de Bouillencourt.

1437	Pierre LAUDÉE.
1438	Jean BARBAFUST, deuxième du nom.
1439	Thomas LE VER, troisième du nom.

Ce mayeur fut député aux négociations de la paix qui se
traitait à Orléans. Il avait fondé dans l'église Saint-Georges
une Chapelle dédiée à la Vierge, et désignée sous le nom de
chapelle du Puy d'Amour.

1440	Nicolas JOURNE. — Eustache AU COSTÉ.
1441—1443	Jean POSTEL,

Licencié ès-lois et seigneur de Bellifontaine.

1444	Jean JOURNE, le Jeune,

Seigneur de Martainneville.

1445	Jean POSTEL.
1446—1448	Jean de LIMEU.
1449	Jean POSTEL.
1450	Jean de LIMEU.

« A sire Jehan de Limeu, adoncqs maieur d'Abbeville, la
somme de soixante-deux livres parisis... qui paiée lui a esté,
c'est assavoir, XXXII livres pour le gouvernance d'un sergent

à mache qui durant ceste année a esté en la compaignie du dit sire Jehan, comme il est acoustumé; item, vingt livres pour ung cent de chire qu'il a droit d'avoir pour le luminaire de son hostel; item, dix livres pour un cappel et alloyelle (chapeau et bourse large et plate que l'on portait à la ceinture) que la dite ville est tenue de lui trouver chacun an........ LXII livres.

On trouve dans les comptes des Argentiers, auxquels nous empruntons les détails ci-dessus, un grand nombre d'articles semblables.

1451—1452	Jean LAUDÉE.
1453	Jean POSTEL.
1454	Nicolas JOURNE.
1455	Pierre CATINE.
1456	Jean LAUDÉE.

« A Pierre du Maisniel, eschevin, la somme de neuf livres huit solz... qui paiée lui a esté par don à lui fait.. pour aidier à supporter la despense d'un disner aujourd'hui fait à sa bien-venue de nouvel eschevin, auquel disner ont esté les maire et eschevins, conseillers, procureurs, clers et plusieurs gens notables. » .... IX livres. (Comptes des Argentiers, à la date du 22 mai 1456.)

1457	Jean de LIMEU.
1458	Jean DE MAY,

Seigneur de Seigneurville et châtelain de Crécy.

1459	Pierre CATINE.
1460	Jean DE MAY.
1461	Jean DE LIMEU.
1462	Pierre CATINE.

1463   Hugues MALICORNE,

Seigneur de Millencourt, du Petit-Framicourt et grand pannetier de Louis XI.

Il y a lieu de croire que c'est la famille de ce mayeur qui a donné son nom au marais Malicorne, propriété de la ville, située au pied des Monts de Caubert.

1464   Thierry de LICQUES,

Seigneur de Tofflet.

1465   Pierre CATINE.

1466   Hugues MALICORNE.

1467—1468   Jean LAUDÉE.

1469   Nicolas JOURNE.

Ce mayeur mourut le 28 octobre; Jacques Journe, son parent, fut élu le lendemain et mourut aussi peu de temps après. Pierre Levasseur, seigneur de Sailly, lui succéda.

1470   Jean CARUE,

Seigneur d'Ysengremer et de Béhen.

Le duc de Bourgogne avait retenu pour lui le droit de nommer directement ce mayeur.

1471   Colart de GUYÈVRE,

Mort pendant l'exercice de sa charge, fut remplacé par Pierre Levasseur.

1472   Jean MAUPIN, l'Ancien,

Il n'administra que fort peu de temps, parce que, dit le père Ignace, « il lui survint une débilité de cerveau et en son lieu fut nommé Hugues Malicorne, premier échevin. »

1473   Jean MAUPIN,

Seigneur de la Bouvaque.

1474

Hugues MALICORNE.

A cette époque, le corps de ville envoyait au nouveau mayeur, après son élection, un demi-muid de vin, six épaules de moutons, six gros poulets et six paires de pigeons, avec toute la desserte du dîner municipal qui avait lieu la veille aux dépens de la commune.

1475

Pierre LEVASSEUR.

1476

Jean MAUPIN ,

Et, après l'expulsion des Bourguignons, GIRARD DE BIEN-COURT, seigneur de Poutrincourt,

1477

Mathieu de BEAURAIN,

Fut nommé *de par le roi* (Louis XI.)

1478

Jean DE NOYELLE.

« Je Loys Tindo, notaire et secrétaire du roi nostre sire, certifie que touchant les trois personnages nommés et esleus par les échevins de la bonne ville d'Abbeville pour estre mayeur ceste année de la dicte ville, le roy nostre sire a déclaré son vouloir qu'il entend que Jehan de Noyelle, l'un des dicts esleus, soit et demeure maire de la dicte ville pour cest année. » (*Archives d'Abbeville.* — Création de la loi, 5 août 1478.)

1479

Girard DE BIENCOURT ,

Seigneur de Poutrincourt.

Ces deux mayeurs furent également choisis par Louis XI.

1480

Pierre LEVASSEUR.

·1481

Jean LE SAGE.

Vraiment sage, dit le père Ignace, de surnom et de renom. — « Le 21me jour de septembre 1481, la loy de l'Echevinage de ceste ville fut renouvelée en vertu des lettres du roy desquelles la teneur sensuict :

DE PAR LE ROY :

« Chiers et bien amez, vous nous avez pieça escript et envoyé les noms d'aucuns des gens de vostre ville pour en eslire ung adfin d'estre maieur ceste année, nous y avons depuis advisé et voulons que Jehan Le Sage soit vostre maieur. Si y vueillez besongnier et en faire ainsy que avez acoustumé, et qu'il n'y ait point de faulte. — Donné au Plessis du Parc, le XVme jour de septembre 1481. Signé Loys.

1482	Pierre LE VASSEUR.	L'office de ces deux mayeurs est encore conféré sous le bon plaisir du roi.
1483	Jean LE SAGE.	

A maistre Charles de May, prestre, la somme de quinze livres,... pour avoir dit et célébré ung an durant.. chacune sepmaine trois basses messes en la chappelle du grand Esche-vinage, ainsi que d'anchienneté il est acoustumé faire...... XV livres. (*Argentiers*, année 1482—83.)

En 1483, lorsque Louis XI mourut, son fils Charles VIII était encore enfant. Le peuple murmurait contre les taxes et les tailles ; il fallut convoquer les Etats-Généraux. Les dé-putés envoyés à ces Etats par la sénéchaussée de Ponthieu furent : 1° pour le clergé, maistre André Le Berquier, doyen d'Abbeville ; 2° pour la noblesse, Druon de Humières ; 3° pour le tiers-état, maistre Pierre Gaude. Maistre Jehan de Saint Delis, député du bailliage d'Amiens, présenta aux officiers du roi, en arrivant à Tours, la procuration qu'il avait des villes de Montreuil, Saint-Valery et Saint-Riquier.

(Voir, pour plus amples détails, *Journal des Etats Généraux de France, etc.*, rédigé par Jean Masselin, p. 315 et 465.)

1484	Pierre LE VASSEUR.
1485	Nicolas POSTEL,

Seigneur de Bellifontaine.

1486	Pierre LE VASSEUR.
1487	Nicolas POSTEL.

1488

Jean JOURNE,

Seigneur de Martainneville.

1489

Nicolas POSTEL.

1490—1492

Jean JOURNE.

Nous trouvons à la date de cette année une anecdote qui montre que, pour les choses même de peu d'importance, les magistrats municipaux ne laissaient jamais empiéter sur leurs prérogatives, surtout lorsque ces empiétements étaient le fait des ecclésiastiques.

La nuit de la fête de la Sainte-Croix en septembre, le curé de Notre-Dame-du-Châtel faisant le tour de la ville accompagné de son bailli, de son procureur et de ses sergents pour exercer la seigneurie municipale qu'il s'attribuait pendant cette fête, comme les bénédictins de Saint-Pierre et les chanoines de Saint-Vulfran pendant leurs prévôtés du 28 juin et de la Pentecôte, enjoignit au portier de la porte Saint-Gilles, sous peine de le faire conduire en prison, de lui délivrer les clés de cette porte ; mais celui-ci refusa formellement d'obéir en disant que ses seuls maîtres étaient le mayeur et les échevins, et ces magistrats, dont le curé prétendait usurper les droits, le contraignirent à déclarer qu'il avait eu grand tort en agissant ainsi, et qu'à l'avenir il ne recommencerait plus.

1493

Louis D'ABBEVILLE,

dit D'YVERNY ou D'YVRIGNY,

Seigneur d'Ercourt, Caubert et autres lieux.

« Il n'exerça point la charge de mayeur, dit le P. Ignace, soit par humilité, ou pour ne vouloir pas s'embarrasser dans les affaires publiques, » et Henri Cornu, seigneur de Beaucamp, fut élu en sa place.

1494—1496

Charles de GRÉBOVAL,

Seigneur de Donqueur.

| 1497 | Louis PENNEL. |

1498   Nicolas LE VASSEUR,

Seigneur de Sailly et depuis lieutenant-général en la sénéchaussée de Ponthieu.

1499   Jean LE SAGE.

1500   Charles DE GRÉBOVAL.

1501   Jacques LE BRIOIS,

Licencié ès-lois et seigneur du Mesnil.

1502   Nicolas MAUPIN,

Seigneur de la Bouvaque, et lieutenant du sénéchal de Ponthieu.

1503   Bernard LE BRIOIS,

Seigneur de la Pasture et d'Osmemont.

1504   Ferry DE LICQUES,

Seigneur de Tofflet.

1505   Claude DE VIERRE,

Seigneur de Maison-Ponthieu (1).

1506   Nicolas DE NOUVILLERS,

Seigneur de Houdan.

« A Arthur de Franqueville la somme de quinze livres seize sols pour vente et délivrance de sept vingtz dix huit lotz de

---

(1) Nous ferons remarquer que le père Ignace donne à la plupart des mayeurs des titres nobiliaires qu'on ne retrouve pas toujours à la suite de leurs noms dans les actes contemporains; il a été, dit-on, peu scrupuleux dans la distribution de ces titres; mais que nous importe, puisqu'une réputation sans tache et la capacité personnelle étaient ce que les villes recherchaient avant tout dans leurs mandataires, et que ces qualités, on le sait, justifiaient assez généralement leur choix.

vin, tant clairet que vermeil, prins en sa maison le nuyt et jour de Noël mil cinq cens et six et distribués aux mayeur et eschevins, mayeurs de bannières, officiers et sergens de la dite ville, ainsi que au dit jour il est acoustumé faire .... XV livres XVI sols. » (*Comptes des Argentiers.*)

De semblables distributions de vin avaient encore lieu chaque année à la Toussaint, à Pâques et a la Pentecôte.

| 1507 | CLAUDE DE VIERRE. |

| 1508 | NICOLAS DE NOUVILLERS. |

| 1509 | ARTHUS DE FRANQUEVILLE, |

Auditeur du roi en la sénéchaussée de Ponthieu.

| 1510 | NICOLAS DE NOUVILLERS. |

| 1511 | FRANÇOIS CAUDEL. |

| 1512 | JEAN GAUDE, |

Seigneur de Saint-Ellier, du Boisle, Méricourt, Taupoirée, etc.

| 1513 | GUÉRARD ROUSSEL, |

Seigneur de Miannay.

| 1514 | JEAN GAUDE. |

Jean Gaude fut député vers François 1er *pour lui faire la révérence*, à propos de son avènement à la couronne, lui recommander la ville et les habitants et le supplier de confirmer leurs priviléges. Le conseiller siéger Jacques Le Briois et le mayeur de bannière Antoine de May accompagnèrent Jean Gaude. Ils restèrent à Paris 24 jours et dépensèrent durant le voyage 117 livres douze sous, savoir : 1° le mayeur 42 sous par jour pour lui et ses trois chevaux. ... 50 liv. 8 s.

2° Ses compagnons de voyage 56 sous pour eux et quatre chevaux...................... 67   4

TOTAL 117   12

Les registres auxquels nous empruntons ces détails constatent que les députés abbevillois donnèrent à un employé de la chancellerie deux *écus soleils* afin qu'il fît avoir prompte expédition de la confirmation des privilèges et qu'il employât ses amis pour obtenir une réduction sur les droits exigés en pareille circonstance. Ils donnèrent aussi, pour le même motif, un *écu soleil* au maître d'hôtel du chancelier.

La corruption des fonctionnaires publics, on le voit, n'est pas un fait nouveau.

1515   NICOLAS DE NOUVILLERS.

1516   JEAN GAUDE.

1517   CLAUDE DE VIERRE.

1518   NICOLAS DE NOUVILLERS.

1519   JEAN GAUDE.

1520   CLAUDE DE VIERRE.

1521   JACQUES DESGROSELIERS,
Seigneur d'Osmemont.

1522   JEAN GAUDE.

1523   JEAN POSTEL, deuxième du nom.

1524   LANCELOT DE BACOUEL,
Seigneur d'Inval et de Béthencourt.

1525   NICOLAS DE NOUVILLERS.

1526   CHARLES CORNU,
Seigneur de Beaucamp et de Béhen.

1527   NICOLAS LE SUEUR,
Seigneur de Frireules et du Saussoy.

1528   Lancelot de BACOUEL.

1529   Jean GAUDE.

1530   Claude DE VIERRE.

1531   André DORESMIEUX,

Seigneur de Coquerel, conseiller du roi (1) et son procureur en la sénéchaussée de Ponthieu.

1532   Gilles LAMYRÉ.

Ce mayeur avait pris pour armes l'arbre qui produit la myrrhe, et pour devise ce calembourg latin : *virtutis regula miræ.*

1533   Lancelot de BACOUEL.

1534   Charles CORNU.

1535   Jean CARPENTIN, dit Galliot.

Seigneur de Barlettes, Bray et Lugermont.

La maison de Carpentin, l'une des plus anciennes du pays, portait d'argent à *trois fleurs de lis de gueules au pied coupé, deux en chef et une en pointe.* Le dernier représentant de cette maison, M. Jules Carpentin, chevalier de la légion d'honneur, administrateur de l'hospice de Saint-Riquier et membre du conseil général de la Somme, mort le 15 décembre 1841, avait été nommé député, trois ans auparavant, par le collége *extra-muros* d'Abbeville.

1536   Louis ROUSSEL.

1537   Christophe BLOTEFIÈRE.

1538   André DORESMIEUX.

(1) Titre des juges établis pour rendre la justice.

1539 LOUIS DE LA FRESNOYE,

Seigneur de Rainvillers.

1540 PIERRE YVER,

Seigneur du Festel et de la Trenquie.

1541 JEAN DE MAUPIN,

Seigneur de Bellencourt et de Mouflières.

1542 JACQUES D'AOUST,

Ecuyer, Seigneur de Francières.

La maison d'Aoust, « habituée en Artois depuis plusieurs siècles, dit M. Roger (1), a fourni des sénéchaux du Ponthieu, des baillis d'Abbeville, un gouverneur de Douai, un lieutenant général à nos armées et plusieurs chevaliers de Malte. Autrefois en possession du marquisat de Jumelles, des baronnies de Rémy et de Cuincy, la maison d'Aoust compte encore des représentants. »

1543 PHILBERT CARPENTIN,

Seigneur de Quéhen, Barlettes, Bray et Lugermont, conseiller du roi, et son lieutenant-général en la sénéchaussée de Ponthieu.

1544 JEAN GAILLARD,

Ecuyer, licencié ès-lois et seigneur de Zoteux.

1545 JEAN DE MAUPIN,

Seigneur de Bellencourt.

1546 JEAN DE MAY,

Seigneur de Poupincourt et de Moriauville.

(1) Bibliothèque historique Monumentale, etc. de la Picardie et de l'Artois, p. 332.

1547

Nicolas du HAMEL,

Seigneur de Canchy et conseiller du roi.

La famille de ce mayeur, l'une des plus anciennes de la Picardie, s'est divisée en deux autres branches encore existantes aujourd'hui, celles de Champagne et de Guienne. La première compte parmi ses membres M. le vicomte du Hamel, maire de Bordeaux jusqu'à la révolution de 1830, et gentilhomme de la chambre du roi ; la seconde M. le comte du Hamel, filleul de Louis XVIII, introducteur des ambassadeurs et maître des cérémonies sous Napoléon, successivement préfet des Pyrénées-Orientales, de la Dordogne et de la Vienne, conseiller d'Etat, membre de la chambre des députés, démissionnaire de toutes fonctions publiques depuis la révolution de juillet, et M. Victor du Hamel, son fils, à qui l'on doit l'*Histoire Constitutionnelle de la Monarchie Espagnole depuis l'invasion des hommes du Nord jusqu'à la mort de Ferdinand VII.* Paris, 1845, 2 vol. in-8°.

La maison du Hamel, alliée directement à celles de Bailleul en Vimeu, de Mailly, de Choiseul, de Damas-Crux d'Ornano et de Sainte-Aldegonde entre autres, possédait dans le Ponthieu les terres et fiefs d'Allery et du Hamel-sous-Airaines, de Bourseville, Canchy, Cambron, Marcheville, Arguel et Hallencourt. — Voy. *Généalogie de la maison du Hamel*, par MM. de Saint-Pons et Lainé. Paris, 1834, 1ère partie.

1548

Robert BOULAIN,

Seigneur de Canequie.

1549

Jean de LAVERNOT.

1550

Nicolas du HAMEL.

1551

Mathieu de BOMMY,

Seigneur du Hamelet et de Vaux.

1552

JEAN CORNU,

Seigneur d'Ambreville, de Beaucamp, de Béhen
et de Belloy.

Ce mayeur mourut dans l'exercice de ses fonctions et NICOLAS
DE MAY, seigneur de Seigneurville, lui succéda.

1553

GUILLAUME ROHAULT.

1554

JEAN BOULLON, dit D'ACHEU.

1555

JOSSE BEAUVARLET,

Seigneur d'Ailly-le-Haut-Clocher, de Villers-sous-
Ailly et de Frucourt.

1556—1557

JEAN DU MAISNIEL,

Seigneur de Longuemort.

1558

FRANÇOIS CAISIER,

Vicomte de Demanchecourt.

1559

PIERRE DE LA FRESNOYE.

1560

NICOLAS RUMET,

Seigneur de Beaucamp, de Beaucaurroy et de
Beaumarets.

1561

PIERRE DE LA FRESNOYE,

Seigneur de la Fresnoye.

1562

NICOLAS RUMET.

1563

JEAN LAMYRÉ,

Seigneur de Bachimont, conseiller du roi et
lieutenant criminel, et JACQUES DE MORAND,
seigneur d'Ocquemesnil.

1564

Jacques D'AOUST,

Seigneur de Francières.

Ce mayeur fut choisi par le roi Charles IX, sur la liste des trois candidats élus par le collége des mayeurs de bannières.

1565

Antoine de SAINT SOUPLIS,

Seigneur de Watcblerie.

Ce mayeur avait pris pour devise: *Vivre pour mourir et mourir pour vivre.* Il avait composé sur ce thème des vers latins qui nous ont été conservés par le P. Ignace, et dont voici la traduction :

« Vis en te souvenant de la mort, afin de te souvenir de ton salut. Si ta mort est mauvaise, ton salut est perdu. Que ta mort soit bonne, afin que tu ne perdes point ta vie; telle aura été ta vie, telle sera ta mort, et afin que ta vie soit bonne et que ta mort ne soit pas mauvaise, apprends à mourir avant que d'être mort, car si tu veux avoir vécu lorsque la mort fermera tes yeux, commence à vivre dès aujourd'hui. Ta mort sera bonne et ta vie honnête. » (*Hist. des Mayeurs,* p. 694.)

Nous aimons à croire pour l'honneur de la mémoire de Saint-Souplis qu'il s'entendait beaucoup mieux aux affaires de la ville qu'aux pentamètres latins; mais comme nous comptons peu de poètes parmi nos mayeurs, nous avons cru devoir donner cet échantillon poétique.

1566

Jean GAILLARD, avocat.

Il mourut au mois de mai, et Paul de Licques, seigneur de Lesbeuf et de Tofflet, lui succéda.

L'édit de Moulins, en 1566, laissa aux maire et échevins l'exercice de la justice criminelle et de la police, mais il leur interdit de connaître à l'avenir des instances civiles entre les parties.

1567

Jean de CANTELEU.

1568

JEAN YVER,

Seigneur de Boencourt et des Essarts.

1569

JACQUES DE BUISSY,

Seigneur du Mesnil.

1570

ANCEL LENGLACHÉ.

1571

JEAN LAMYRÉ,

Bourgeois d'Abbeville et seigneur de Nouvion.

1572

JEAN LE PREVOST,

Seigneur de Sanguines.

1573

JEAN LE BEL,

Seigneur de Huchenneville et du Mesnil.

1574

JEAN DE MAUPIN,

Seigneur de Bellencourt et de Mouflières.

1575

JEAN DE MAY,

Seigneur de Seigneurvillle.

1576—1577

PIERRE LE BOUCHER,

Conseiller du roi et lieutenant criminel (1).

Ce mayeur fut élu député du tiers-état de la sénéchaussée de Ponthieu aux Etats-Généraux convoqués à Blois. Le clergé nomma maître Jean Savary, doyen de l'église de Saint-Vulfran, et la noblesse choisit André de Bourbon, seigneur de Rubempré, gouverneur d'Abbeville.

_____

(1) On désignait ainsi le magistrat qui connaissait des causes criminelles.

1578

Pierre TILLETTE,

Seigneur de Mautort et d'Aufinicourt, conseiller du roi et son lieutenant particulier au présidial (1).

1579

Claude de VACONSAINS, conseiller.

Ce personnage était à Paris lorsqu'on le nomma. En apprenant son élection, dit le père Ignace, il alla trouver nos seigneurs du conseil pour notifier son refus, car il craignait en acceptant de déroger à sa condition de gentilhomme. On lui apprit que la noblesse était attachée à la mairie d'Abbeville; cette réponse produisit le plus heureux effet, il accepta.

1580

Jacques LE ROY,

Seigneur de Saint-Lau, de Valines et d'Acquest, élu en l'élection de Ponthieu (2) et conseiller du roi.

1581

Jean de MAUPIN,

Conseiller du roi, seigneur de Bellencourt et de Mouflières.

1582

François MOURETTE,

Seigneur de Cumont et de Maison.

Le père Ignace, dans son *Histoire ecclésiastique d'Abbeville*, p. 517, ajoute à ces deux titres ceux de conseiller et d'avocat au présidial, et dit que François Mourette a publié : *Enchiri-*

---

(1) Le lieutenant-général présidait le tribunal de la sénéchaussée et le lieutenant particulier jugeait en son absence.

(2) Tribunal établi pour juger les différends qui concernaient les tailles, les aides et les gabelles.

dium psalmorum Davidis, ex hebraica veritate, cum psalterii canticis, in latinum carmen redactum et illustratum. Paris, 1581.

1583

Jacques GROUL,
Seigneur de la Folie.

1584—1585

Jacques LE ROY, de SAINT LAU.

Les échevins d'Abbeville écrivirent à Diane de France, comtesse de Ponthieu, pour lui annoncer que M. de Saint Lau avait été, le 24 août 1583, réélu mayeur et qu'il refusait d'accepter cette charge. Diane leur répondit qu'elle était *infiniment aise de cette élection*, et, suivant leurs désirs, elle supplia Henri III de commander à M. de Saint Lau d'accepter. Henri s'empressa de faire droit à cette prière et M. de Saint Lau obéit.

1586

Claude ROHAULT,
Seigneur d'Epagne.

1587

Jacques LE ROY de SAINT LAU.

Henri III et Diane de France avaient prié les officiers municipaux de nommer encore mayeur M. de Saint Lau, qui avait su gagner leur affection et leur confiance; mais ces officiers n'avaient pu connaître à temps leurs intentions et le *renouvellement des magistrats* avait eu lieu, suivant l'usage, le 24 août. « Il y a encore lieu de rémédier, dit le roi dans une autre lettre, et nous voulons et vous mandons que, en procédant de nouveau à l'élection du mayeur, vous ayez à élire icelui Le Roy et l'installer en ladite charge, nous contentant en cela, sans que nous entendions néanmoins que la chose tire en conséquence à l'avenir, ni que nous ayons volonté d'enfreindre vos priviléges, lesquels au contraire nous entendons vous conserver comme par vos bons départements vous vous en rendez dignes. » — La lettre que Diane avait écrite, le 19 août, au corps municipal, en faveur de M. Le Roy de Saint Lau, finit ainsi : « Je ne doute pas que telle affection sera trouvée un peu étrange comme répugnante à vos statuts et coutumes, et qu'il y ait fort gens de bien qui désirent être appelés à ce degré ; je les prie avoir patience pour cette fois. » (*Registre aux délibérations de la ville de* 1587 *à* 1588 *f°* 21.)

Les armoiries qu'avait prises Le Roy de Saint Lau, et qui avaient été placées le 27 août 1588, jour de ses funérailles, sur le portail de Saint-Vulfran, sur les torches et tentures funèbres, donnèrent lieu à une scène scandaleuse. Le substitut du procureur général du roi en la sénéchaussée de Ponthieu, contestant le titre nobiliaire du défunt, donna ordre d'arracher tous les insignes. Il s'ensuivit un procès dont quelques pièces seulement sont restées aux archives ; mais il y a tout lieu de croire, d'après le contenu de ces pièces, que rien n'autorisait un acte aussi violent.

1588

JEAN DE MAUPIN,

Seigneur de Bellencourt, de la Bouvaque, etc., et député aux grands jours de la ville d'Eu (1).

1589

FRANÇOIS RUMET, DE BEAUCAURROY.

Ce magistrat a augmenté et continué jusqu'en 1594 la *Chronique du pays et comté de Ponthieu*, rédigée par son père, et qui est restée manuscrite.

1590

ANTOINE MANESSIER,

Seigneur de l'Hermitage.

1591

JOSSE BEAUVARLET, conseiller.

1592

CHARLES MANESSIER,

Seigneur de Vadicourt, d'Epagnette et des Vasseurs.

(1) Compagnie extraordinaire de juges tirés ordinairement des cours supérieures qui avaient commission d'aller dans les provinces pour écouter les plaintes du peuple et faire justice.

1593—1594

JEAN DE MAUPIN.

Jean de Maupin, conseiller en la sénéchaussée, fut avec Geoffroy de la Marthonie, évêque d'Amiens, député du comté de Ponthieu aux Etats-Généraux qui s'ouvrirent à Paris en 1593. — Un autre député de ce même comté, le sieur Dacquet, se rendit aux Etats-Généraux de la ligue convoqués à Reims où se trouvant sans argent, ainsi que plusieurs de ses collègues, le corps de ville lui compta 27 1/2 écus.

Etienne Pennet, religieux profès de l'ordre de Cluny, prieur de Saint-Pierre d'Abbeville, l'un des délégués des trois Etats du pays et du duché de Bourgogne, aux Etats de 1593, y représenta l'ordre religieux dont il faisait partie.

1595

PIERRE TILLETTE,

Seigneur de Maulort et président au siège présidial d'Abbeville.

1596

CLAUDE GAILLARD,

Sieur de Grébeau-Maisnil et conseiller.

Par lettres patentes du 17 août et du 29 novembre de cette année, Henri IV veut qu'on réduise le nombre des échevins de vingt-quatre à huit, élus parmi les habitants les plus notables et les plus dignes, affectionnés à son service, de quelque état ou condition qu'ils soient. « Les quatre premiers, dit-il, seront nommés tous les ans, savoir: deux par les mayeurs de bannières et les deux autres par les maire et échevins, le lendemain 25 août. Quatre autres échevins de l'année précédente resteront en exercice pour guider les nouveaux, à l'exemple de Paris et de plusieurs villes du royaume. Ces huit échevins, ajoute le roi, seront égaux en pouvoir. »

1597

JACQUES LE BOUCHER,

Seigneur d'Ailly-le-Haut-Clocher, du Maisnil-lès-Franleu et procureur du roi.

« A Jehan Grébot, menuisier, pour avoir fait un banc
et appuye à la porte du mayeur, ainsi qu'il est acoustumé
XXX liv.—A Nicolas Breton, couvreur d'ardoises, la somme
de XV liv., à lui due pour avoir couvert d'ardoises l'appenti
au-dessus du banc fait à la porte dudit mayeur. » (*Comptes
des argentiers*, année 1597). On voit par un autre compte que
ces bancs étaient établis aux portes des mayeurs *pour l'expédition des affaires sommaires qui se présentaient à cause de
leurs charges.*

1598   Antoine ROHAULT, ancien juge consul.

1599   François RUMET,
Seigneur de Beaucaurroy et de Buscamp.

1600   Eloy TILLETTE,
Seigneur de Brancourt.

1601   François CAISIER,
Seigneur de Béalencourt et de Moreuil.

1602   Pierre LE BOUCHER,
Lieutenant criminel, seigneur du Castelet.

Une délibération du 13 août 1603, prise à l'occasion de
Pierre Le Boucher, nous apprend qu'en vertu d'un privilége
dont l'origine est fort ancienne, le mayeur d'Abbeville avait
le droit de donner à l'un de ses domestiques, quand ce
domestique avait été pendant un an à son service, le droit de
maîtrise dans un des métiers de cette ville, sous la réserve
que le nouveau maître ne pourrait exercer son métier qu'après
en avoir fait l'apprentissage. Cette création d'une maîtrise,
dit un mémoire judiciaire rédigé vers le milieu du dernier
siècle, s'était introduite en faveur des pauvres artisans qui
se trouvaient hors d'état d'acquitter ce qu'il en coûtait pour
être admis dans les maîtrises. Ce privilége des maires fut
souvent contesté par les corporations industrielles: malgré

cette opposition, il fut maintenu jusque dans les derniers temps.

On voit, par la délibération que nous avons citée plus haut, que le nombre des maîtres-bouchers était alors de quatre-vingts (1).

1603   Gabriel BRIET,

Conseiller du roi, élu en l'élection de Ponthieu.

C'est ce mayeur qui a fait construire le bas-côté du chœur de Saint-Vulfran où l'on a scellé contre le mur, vis-à-vis sa tombe, une table de marbre noir sur laquelle on lit :

D. O. M.

ICI REPOSENT :

NOBLE HOMME Me GABRIEL BRIET,

MAYEUR D'ABBEVILLE, SEIGNEUR DE NEUVILLETTE,

DÉCÉDÉ EN 1627,

ET

DAME FRANÇOISE BELLE, SON ÉPOUSE,

DÉCÉDÉE EN 1629,

REQUIESCANT IN PACE.

Leur épitaphe, détruite en 1793, a été rétablie en 1835 par M. Charles-Jean Levesque de Neuvillette, descendant d'un frère de M. Briet.

1604   Eloi TILLETTE,

Seigneur de Brancourt.

1605   Olivier D'AMIENS,

Seigneur de Béhen.

Le père Ignace dit que ce mayeur, mort en 1613, a composé des *Commentaires sur la coutume de Ponthieu*. L'auteur les a-t-il fait imprimer ou sont-ils restés manuscrits ? C'est ce que nous ignorons.

(1) En 1521 il y en avait 83.

1606   JACQUES LEROY ,

Seigneur de Valines.

1607 —1607   JEAN LYVER ,

Seigneur de Boencourt.

1609—1610   CLAUDE TILLETTE ,

Seigneur d'Aufinicourt, avocat du roi.

Ce mayeur réorganisa la milice bourgeoise d'Abbeville qu'il plaça sous les ordres de seize capitaines; il fit aussi fortifier cette ville entre les portes du Bois et Marcadé, et percer la rue des Minimes « où étoient auparavant les jardins de quelques particuliers, dans lesquels, dit le père Ignace, on a basti des maisons pour la commodité des artisans. » — En 1609, la pêche des fossés de la ville, vers la porte Marcadé, est adjugée au prix de 80 livres par an, à la charge de donner à l'hôtel de ville, pendant le carême, deux carpes, deux brochets et deux anguilles, et de fournir un bateau et des filets au maire toutes les fois qu'il voudra pêcher dans les susdits fossés.

1611   ANTOINE ROHAULT, ancien juge consul.

1612   JEAN DE LA GARDE ,

Seigneur de Cumont.

1613   JACQUES BERNARD DE MOYMONT.

Ce mayeur fut pendant trente années lieutenant-général à Abbeville, c'est-à-dire président de la sénéchaussée.

1614—1615   LANCELOT MANESSIER ,

Seigneur de Fréville , Epagnette , Bouillancourt, Thomicourt, conseiller du roi , lieutenant particulier et assesseur criminel.

« Ce mayeur était un fort savant homme, éloquent, dit le père Ignace, en la langue latine, docte en la grecque et intelligent en l'hébraïque. Sa naissance, ses nobles actions, sa gravité vénérable, son parler, ses réponses sérieuses, sa douceur envers tous, et ses mains qui n'ont jamais servi qu'à tenir droite la balance de la justice, lui ont acquis le titre d'un des plus excellents hommes qui ait exercé la justice de son temps. » — On lui composa une épitaphe qui se terminait par ce jeu de mots: *Bene vive, quod facile te facturum spero, si* MANES SERIUS.

1616 JEAN LYVER DE BOENCOURT,

Conseiller et lieutenant particulier.

1617—1618 FRANÇOIS BOULLON,

Conseiller au siége présidial d'Abbeville.

On admirait, dit le P. Ignace, la facilité qu'il avait en l'expédition des affaires les plus importantes, et à contenter le peuple.

1619 MATHIEU TILLETTE, ancien juge consul.

« La voix et la bénédiction des pauvres ont publié longtemps les bienfaits et les charités de ce mayeur. » (Le P. Ignace.)

1620 JEAN-VINCENT DE RAIMECOURT

ET D'HANTECOURT, conseiller.

Il rendit des services importants à Henri IV, et surtout à Louis XIII, pendant les troubles suscités par l'ambition du maréchal d'Ancre. Sa mort excita de vifs regrets et la ville en donna des marques éclatantes en décidant que ses funérailles se feraient avec une grande solennité.

1621—1622 JACQUES LEROY DE SAINT-LAU, conseiller.

Mort en 1620, en grande réputation de probité, dit le P. Ignace.

1623—1624 PHILIPPE LE BEL,

Seigneur d'Huchenneville, conseiller du roi.

« Ce Mayeur était un personnage grave, posé, judicieux, honorable et honorant la vertu en toutes sortes de personnes. Il haïssait les esprits fourbes, les cœurs doubles, les grands parleurs, les moqueurs, les libertins, ceux qui promettent beaucoup et qui tiennent peu. » (*Histoire des Mayeurs d'Abbeville.*)

1625—1626   Octavien HERMANT, conseiller.

« On consultait, on écoutait M. Hermant, dit l'historien des Maires d'Abbeville, comme un oracle de Thémis. Il trépassa fort chrétiennement le 27 février 1655, regretté de tous les gens de bien qui le connaissaient. »

1627—1628   Antoine RUMET,

Seigneur de Beaucaurroy, Buscamps, etc., et procureur du roi.

1629—1631   Jacques MANESSIER,

Conseiller du roi, élu en l'élection et seigneur de la Tulotte.

1632—1633   Jean VINCENT, conseiller.

1634—1635   Philippe LE BEL.

1636—1637   Guillaume SANSON,

Seigneur de Haut-Mesnil.

C'est à la famille de ce mayeur qu'appartiennent le géographe Sanson, M. de Pongerville de l'Académie française, nos compatriotes, et le général du génie Sanson, né à Paris en 1756, et mort vers 1840. Ce général, après s'être fait remarquer au siége de Mantoue, accompagna Bonaparte en Egypte et en Syrie, et y fut chargé des travaux les plus difficiles, exécutés par l'arme du génie. A son retour en France, il fut nommé inspecteur-général des fortifications par le premier consul, qui l'employa presque toujours auprès de lui à la grande armée, où il fit les campagnes de 1805, 1806 et 1807. Nommé général de division dans cette dernière année, il passa en Espagne et y dirigea les siéges de Roses et de Girone. Napoléon, qui le considérait comme un de ses meilleurs officiers, dit la *Biographie universelle*, lui confia toujours des emplois importants. Il le nomma, en 1810, directeur-général du dépôt de la guerre, et l'employa dans la campagne de 1813, à la grande armée, où il concourut à la défense de Dresde, sous les ordres de Gouvion-Saint-Cyr. (Voy. *Biog. universelle*, suppl. t. LXXXI, p. 75.)

1638   FRANÇOIS TILLETTE D'ACHEBY,

Maître des eaux et forêts en Ponthieu,

Fut nommé par Louis XIII. (Voyez *Hist. d'Abbeville et du comté de Ponthieu*, t. II, p. 285.)

1639—1640   JACQUES DE BUISSY,

Seigneur du Maisnil, conseiller du roi et son lieutenant en l'élection de Ponthieu.

M. de Buissy, dont Louis XIII fit publiquement l'éloge, fut, sur la fin de sa seconde année, invité par ce prince à demeurer à la tête de l'administration municipale jusqu'au 24 août 1641, mais il refusa.

1641—1642   FRANÇOIS DE LA GARDE,

Seigneur de Cumont.

En 1642, Louis XIII écrit aux officiers municipaux qu'il est satisfait de la bonne conduite de ce mayeur, dont les pouvoirs vont expirer, et il *ordonne de le continuer dans sa charge* pendant une année encore. On fit connaître la volonté du roi aux mayeurs de bannières, et ils s'y soumirent sans élever aucune plainte.

1643—1644   PHILIPPE PAPIN,

Seigneur de Machy, conseiller et avocat du roi au siège présidial.

1645—1646   Jacques LEFEBURE,

Seigneur des Amourettes, conseiller du roi et contrôleur au grenier à sel.

Ce magistrat fut nommé par ordre de la reine-mère et continué dans ses fonctions l'année suivante, malgré les mayeurs de bannières qui exigeaient que les élections se fissent suivant les formes consacrées (1).

« Le sieur Lefebure, selon le sentiment des sages, a été, dit le P. Ignace, l'un des plus accomplis magistrats de son temps. Il avait fait sentir l'odeur de ses vertus devant qu'on lui fît sentir celle des applaudissements qu'on donne aux mayeurs. Il était savant et éloquent, ayant grande facilité de persuader ce qu'il voulait. Son jugement était solide, clair et net; sa mémoire, comme une bibliothèque vivante, était enrichie des plus belles sciences dont un homme est capable; il parlait fort bien des points de théologie, et entendait à fond la morale, la jurisprudence, l'histoire, la poésie, et excellait à bien faire et à prononcer une harangue devant les rois et les princes... »

Ce fut chez M. Lefebure des Amourettes que Louis XIV, âgé de 9 ans, et accompagné d'Anne d'Autriche, alla loger avec sa suite, le 17 juillet 1646, après avoir été complimenté et magnifiquement reçu par ce magistrat, à qui cette réception coûta 40,000 francs, pendant les 14 jours que le jeune prince demeura chez lui. (Voir aux années 1738, 1739.) Cette famille est encore représentée à Abbeville par deux branches, la famille Lefebure du Bus et la famille Lefebure de Cérisy. (Voir l'année 1800). M. de Pongerville se rattache à la famille de Jacques Lefebure par son mariage avec l'une des descendantes de ce mayeur, Mlle Agathe Lefebure du Bus.

1647—1648   Nicolas VINCENT,

Seigneur d'Hantecourt, conseiller du roi,

(1) *Registre aux délibérations de l'Echevinage*, années 1645 et 1646. — *Hist. d'Abbeville et du Ponthieu*, t. II, p. 287.

lieutenant-général criminel, maître des requêtes ordinaires de l'hôtel de la reine.

« Le crédit et l'autorité que le sieur Vincent s'est acquis par l'exercice de sa charge de mayeur, dit le P. Ignace, l'ont fait estimer aussi habile dans la politique que dans la justice ; » et, en effet, Louis XIII en reçut nombre de fois d'importants avis, notamment en 1636, lorsqu'il lui apprit que Jean de Werth avait formé le projet de surprendre Abbeville. Le roi y envoya aussitôt un corps de troupes, et quand l'ennemi se présenta, il fut repoussé vigoureusement, surtout dans le faubourg Marcadé où commandait M. d'Hantecourt.

Lors des troubles occasionnés par une surtaxe des aides et par les régiments de Rockby, anglais, de Gèvres et d'Harcourt, cavalerie, qui s'étaient emparés des places et corps-de-garde de la ville et menaçaient de la livrer au meurtre et à la flamme, M. d'Hantecourt parvint par sa prudence, son énergie et le respect qu'inspire un noble caractère à détourner les violences et à ramener l'ordre et la paix. Le roi, voulant le récompenser de ses bons services, lui conféra par lettres données à Amiens, le 18 janvier 1650, la charge de conseiller d'Etat ; mais il mourut l'année suivante ; il avait aussi rendu de grands services aux Carmes Déchaussés, et le général de cette congrégation, afin de lui témoigner sa gratitude, lui avait fait expédier, en 1645, des lettres par lesquelles il le créait carme, lui et les siens. (*Cf. Abrégé généalogique et historique de la maison Vincent d'Hantecourt.*)

1649—1651

Claude BECQUIN,

Ecuyer, seigneur du Caurroy et de Montvilliers, avocat en parlement.

Louis XIV ayant informé le corps de ville qu'il désirait que M. Becquin fût nommé mayeur et M. Lefebvre, premier échevin, les magistrats municipaux décidèrent « qu'on témoignerait *que l'on avait fort agréable le choix que sa majesté venait de faire,* mais que pour ne porter aucune atteinte aux priviléges de la commune, deux autres noms seraient joints, suivant l'usage, au nom de M. Becquin sur la liste des candidats qu'on devait soumettre au choix des mayeurs de bannières. Ceux-ci nommèrent M. Becquin, qui fut encore élu l'année suivante, conformément au vœu du roi, et réélu de nouveau en 1651, suivant les formes consacrées. Durant les deux dernières années de sa mairie, dit le P. Ignace, il eut bien à souffrir tant en son corps pour de longues maladies qu'en son esprit par les poursuites d'un certain partisan qui le fit conduire jusqu'à la porte de la prison pour le paiement d'une grande somme qu'il ne devait pas, mais dont la ville d'Abbeville était passible et qu'il lui fallut payer, sauf recours contre qui de droit. Ses amis l'engageaient à se démettre de sa charge à cause des peines qu'elle lui occasionnait et de l'état de sa santé : « Ceux qui sont par office la lumière du peuple, leur disait-il, doivent, comme des flambeaux, se consumer en éclairant et en servant les autres ; j'aime mieux être sans santé que sans charité, et j'aime mieux tout perdre que de manquer d'amour envers Dieu et de fidélité envers ma patrie. » (*Hist. des Mayeurs*, p. 859.)

1652 · **ANTOINE DE BOULONGNE**,

Seigneur de Gaillon,

1653 **THOMAS DAMIENS**,

Seigneur de Béhen, avocat en parlement.

Une délibération de l'écheyinage, du 23 août de cette même année, porte que les maires sortant de charge ne pourront être réélus ou nommés échevins à l'avenir qu'après avoir été trois ans hors d'exercice ; qu'aucun échevin ne pourra être appelé non plus à gouverner la ville en qualité de mayeur ou porté comme échevin une seconde fois qu'après un même intervalle de trois ans (1).

_____

(1) Ce règlement fut enfreint diverses fois par la suite.

1654

Simon LE BLOND,

Ecuyer, sieur d'Acquest, conseiller du roi et garde-des-sceaux en la sénéchaussée de Ponthieu.

Louis XIV, informé que les sieurs d'Acquest et de Coulombeauville avaient été nommés candidats à la mairie (1), choisit le premier et donna l'ordre de l'installer. Les officiers municipaux décidèrent qu'on enverrait une députation à sa majesté pour la prier de ne pas priver la ville du droit d'élire ses magistrats. En attendant, on enjoignit aux mayeurs de bannières de procéder à l'élection de deux échevins et d'un argentier. Ils refusèrent d'abord en déclarant *qu'ils ne pouvaient se résoudre à faire aucune nomination, puisqu'on l'on ôtait ainsi toute liberté de suffrages;* mais le monarque insista et il fallut céder.

1655

François GROUL,

Ecuyer, sieur de Coulombeauville, conseiller du roi et président au grenier à sel.

Ce mayeur fut choisi par le roi sur la liste des trois candidats élus par le collége des mayeurs de bannières.

De 1655 à 1692 exclusivement, la royauté cesse d'intervenir dans les élections municipales.

1656

Charles DESCAULES,

Seigneur du Maisnil, conseiller du roi (2).

« Quand je considère, dit l'historien des Maires d'Abbeville, l'élection qui a été faite du sieur Descaules, par ceux qui ont droit d'élire le mayeur, il me semble voir en leurs personnes

---

(1) Il y a lieu de croire que ces deux candidats avaient été désignés par l'intendant de la province ou tout autre officier royal, car le procès-verbal de leur nomination manque dans le registre où il devait se trouver.

(2) Ici s'arrête la liste du P. Ignace.

quantité de pierres précieuses éparses dans les chambres de l'échevinage, qui ont chacune leur prix et leur valeur, auxquelles étant proposé ledit sieur Descaules, attirées par la douce influence de ses vertus, se sont rangées de son côté, et l'ont élu mayeur avec joie, voyant en lui toutes les perfections nécessaires pour gouverner la ville d'Abbeville. »

1657   PIERRE DE DOURLENS,

Sieur de Saint-Ellier (1), conseiller et maître d'hôtel ordinaire du roi.

1658   JEAN VAILLANT,

Ecuyer, sieur de Caumondel, conseiller.

1659—1660   ANTOINE POTIER, avocat.

1661   PIERRE DU MAISNIEL,

Sieur de la Tricquerie.

1662   CHARLES-ANTOINE BEAUVARLET,

Seigneur de Bomicourt.

Ce mayeur fut pendant 46 ans conseiller du subdélégué de l'intendance de Picardie, et, en 1664, maître particulier des eaux et forêts du comté de Ponthieu. On conserve de lui dans sa famille un beau portrait.

1663—1664   PIERRE VAILLANT,

Seigneur de Neuverue? conseiller-président au présidial.

1665   PIERRE DU MAISNIEL,

Sieur d'Applaincourt, conseiller du roi.

(1) Nous reproduisons exactement les titres que les procès-verbaux des élections municipales ou des séances du corps de ville donnent à chaque maire.

1666   Charles DESCAULES,

Ecuyer, seigneur d'Avesnes et du Maisnil, conseiller.

1667   Paul de CANTELEU,

Conseiller du roi.

1668—1669   Pierre LERMINIER,

Seigneur de Thiboutot, conseiller et président en la sénéchaussée de Ponthieu.

1670   Nicolas LE BEL,

Seigneur d'Huchenneville, conseiller du roi.

1670   Pierre BECQUIN,

Seigneur du Chaussoy, conseiller.

1671   Noble homme Adrien DUCHESNE,

Conseiller.

1672—1673 Ch.-Ant. BEAUVARLET de BOMICOURT,

Conseiller.

Le maréchal de Turenne, qui, quelques années auparavant, avait logé chez une parente de ce magistrat, écrivit en 1670, aux officiers municipaux d'Abbeville, la lettre suivante:

« Je prie très instamment messieurs les maire et échevins de la ville d'Abbeville, de vouloir bien considérer Mlle de Beauvarlet dans la distribution des logements des gens de guerre qui auront leur quartier à Abbeville, et de lui en accorder l'exemption. Ils m'obligeront très fort de s'en vouloir souvenir. C'est la maison où j'ay esté logé au dernier voyage du roy en

Flandre, et je désirerois fort à cause de cela de lui pouvoir faire plaisir en cette rencontre.

A Saint-Germain-en-Laye, le 12 septembre 1670.

TURENNE » (1).

1674—1675   ANTOINE POTIER,

Avocat au présidial, ancien mayeur.

1676   LOUIS GAIGNEREL,

Conseiller et avocat du roi.

1677   ADRIEN DE BOULONGNE,

Seigneur de Beauchain, conseiller et procureur du roi.

1678   GUILLAUME SANSON,

Seigneur de Hautmesnil, conseiller.

1679—1680   JEAN GRIFFON,

Seigneur de Saint-Séverin, conseiller.

1681   Noble homme NICOLAS MOISNEL,

Licencié-ès-lois, avocat au présidial.

Ce magistrat fut, avec le premier échevin, M. Crignon, destitué pour avoir défendu avec zèle et courage les intérêts des habitants contre un sieur Mirabon, commissaire ordinaire des guerres, un jour qu'il s'agissait de loger un régiment. Le roi chargea le mayeur et le premier échevin de l'année précédente de reprendre leurs fonctions jusqu'à l'époque des élections prochaines.

1682   JEAN GRIFFON,

Seigneur de Saint-Séverin.

(1) Registre aux délibérations de la ville, année 1670.

1683—1684   Nicolas de DOMPIERRE,

Seigneur de Boisbergue, conseiller du roi.

1685   François LESPERON, écuyer.

1686   Antoine POTIER,

Avocat au présidial.

1687   Pierre DORESMIEULX,

Seigneur de Neuville, conseiller du roi.

1688   Pierre FOUCQUES,

Sieur de Bonval, ancien juge des marchands.

1689   Louis MANESSIER,

Ecuyer, seigneur de Brasigny, conseiller du roi.

1690   Jacques LESPERON.

Seigneur de Belloy et autres lieux, conseiller du roi et président de l'élection de Ponthieu.

1691—1692   Antoine de DOURLENS,

Ecuyer, seigneur de Saint-Ellier, conseiller magistrat au siége présidial. (Voy. *Hist. d'Abbeville et du Comté de Ponthieu*, t. II, p. 254.)

1693—1716   Jacques GODARD,

Ecuyer, seigneur de Beaulieu, Brucamps et autres lieux, conseiller du roi, maire perpétuel.

C'est en 1692 que les magistrats municipaux cessèrent d'être électifs. Leurs charges furent érigées en titre d'offices, que le gouvernement vendait à deniers comptant. M. Godard de Beaulieu acheta la sienne 50,000 fr., et la conserva jusqu'en

1717, époque à laquelle la ville reprit ses anciens priviléges et désigna elle-même ses officiers municipaux.

1717   ADRIEN GALLET,

Conseiller du roi, lieutenant aux eaux et forêts, avocat au présidial.

1718   Maître FRANÇOIS DUCHESNE,

Avocat au présidial, conseiller du roi aux traites d'Abbeville,

1719   JEAN DU BOURGNIER,

Seigneur de Rouvroy, conseiller avocat du roi au présidial.

1720   GASPARD-FRANÇOIS DE RAY,

Conseiller - magistrat au présidial.

1721   NICOLAS BRIET,

Ecuyer, seigneur d'Hallencourt, Rhinvillers (sic) et autres lieux, conseiller d'honneur au siége présidial.

1722   ANTOINE MAURICE,

Seigneur de Bœnat, ancien juge des marchands.

1723   FRANÇOIS MICHAULT,

Avocat au siége présidial.

1724—1725   JEAN LE SERGENT,

Seigneur de Saucourt, avocat en parlement.

1726 ## Pierre-André de DOURLENS,

Ecuyer, seigneur de Méricourt, conseiller-magistrat au présidial.

Cette année, un arrêt du conseil ordonna aux échevins de former le *port* de trois personnes, égales en mérite, en naissance, rang et dignité convenables, sans qu'aucun artisan, faisant le commerce en détail, pût y être inscrit.

1727 ## Nicolas GRIFFON,

Seigneur de Saint-Séverin, conseiller.

1728 ## Abraham BLANCART, bourgeois.

MM. Duval de Soicourt, Tillette de Rétonval et Blancart avaient été choisis pour les fonctions de maire. Le premier recueillit vingt-quatre voix, le second une seule et le troisième vingt-sept. Ce dernier devait donc être élu; mais le corps de ville, qui voulait avoir M. Duval, refusa d'accepter M. Blancart, sous prétexte qu'il n'était point natif de la ville et qu'il avait été autrefois de la religion réformée. Les mayeurs de bannières refusant de procéder à une nouvelle nomination, la cause fut envoyée à l'intendant de Picardie qui reconnut la validité de l'élection. En conséquence, M. Blancart fut proclamé mayeur le 8 septembre. (Manuscrits de M. Siffait.)

1729 ## Blaise DUVAL,

Ancien juge des marchands.

1730 ## Louis SANSON,

Seigneur de Haut-Mesnil, conseiller.

1731 ## Charles-François du MAISNIEL,

Conseiller du roi, lieutenant civil et criminel en l'élection de Ponthieu.

Vingt-six mayeurs de bannières, qui n'avaient point voulu voter, parce que M. Duchesne de Courselles n'était point au nombre des candidats, furent condamnés à dix livres d'amende. (Manuscrits de M. Siffait.)

1732 — FRANÇOIS-JOSEPH DE BUISSY,

Ecuyer, seigneur d'Yvrench, le Mesnil et Acquest, conseiller du roi, premier président au siége présidial.

1733—1736 — JEAN DE LAMYRÉ,

Chevalier, seigneur de Caumont, Epagne et Voyart.

Un édit du mois de novembre 1733 rétablit les mairies en titre d'office, et M. de Lamyré conserva sa charge jusqu'en 1736. « Ces anomalies de notre droit public, dit M. Leber, n'étaient que des mesures de circonstances, auxquelles le besoin d'argent avait bien plus de part que la politique, et qui, en modifiant l'effet du privilége dans quelques parties, n'en détruisaient pas le principe général. » (*Hist. critique du pouvoir municipal*, p. 478.)

1737 — JACQUES LEBOUCHER,

Ecuyer, seigneur de Richemont, conseiller au présidial; fut nommé par le roi.

1738 — LOUIS-JOSEPH GAILLARD,

Chevalier, seigneur de Boëncourt, conseiller du roi, président au siége présidial.

1738 — NICOLAS LEFEBURE,

Seigneur des Amourettes, conseiller-magistrat.

Ces deux maires furent élus suivant les formes consacrées par les anciens priviléges de la ville.

1739 — NICOLAS LEFEBURE,

Seigneur des Amourettes.

M. Nicolas Lefebure obtint, à l'avènement de Louis XV, la remise des droits de confirmation de noblesse, fixés pour lui à 3,000 livres, plus les deux sous pour livre, en considération des frais que son aïeul, Jacques Lefebure des Amourettes, avait fait en 1646, en recevant Louis XIV et la reine-mère chez lui, et parce qu'il était père de sept enfants. (Documents contemporains et officiels.)

1740

PIERRE FOUCQUES,

Ecuyer, seigneur de Bonval, Vironchaux et autres lieux, conseiller.

1741

CLAUDE TILLETTE,

Ecuyer, seigneur et patron de Longvillers.

1742—1743

FRANÇOIS BICHIER,

Sieur Desroches, conseiller.

L'office de maire perpétuel ayant été rétabli cette année, et personne ne s'étant présenté pour exercer cette charge, M. Desroches fut nommé par ordonnance royale du 26 octobre; et comme les charges d'échevins étaient aussi devenues vénales, et qu'elles ne trouvaient pas d'acheteurs, on créa également quatre échevins qui devaient rester en exercice jusqu'à ce qu'elles fussent vendues. (Manuscrits de M. Siffait.)

1744—1748

HONORÉ-CHARLES DE BUISSY,

Ecuyer, seigneur de Long, Longpré, Catelet, conseiller du roi, président trésorier de France et *maire perpétuel* jusqu'en 1748,

Fut nommé par ordonnance royale, datée du camp de Ménin, le 6 juin 1744.

1748

JOSEPH-FRANÇOIS DE LICQUES,

Chevalier, seigneur de Tofflet, Agenvillers et autres lieux.

1749

Nicolas-Réné GAILLARD,

Ecuyer, seigneur de Launoy, d'Ambreville, Coulonvillers et vicomte de Doullens.

1750

Blaise DUVAL,

Seigneur de Bommy, conseiller élu en l'élection de Ponthieu.

1751—1752

Jean-Claude DUCHESNE,

Ecuyer, seigneur de Courcelles, La Motte et autres lieux, conseiller secrétaire du roi, maison et couronne de France.

Depuis plusieurs siècles, les maires d'Abbeville portaient une escarcelle ou bourse de velours violet, appelée *tasse*, aux armes de la ville brodées en or.

Cette bourse, qu'ils avaient d'abord laissé pendre à leur ceinture et qu'ils portaient alors sur leur poitrine, servait à déposer les dépêches du gouvernement ou les pétitions qui leur étaient présentées, mais elle parut ridicule ; M. Duchesne proposa d'y substituer une médaille d'or émaillé, avec les armoiries de la ville d'un côté, et de l'autre une couronne civique au centre de laquelle on lisait ces mots : *Civici pignus amoris*, et au-dessous le chiffre de l'année. La proposition fut adoptée, le 18 juillet 1753, et le mayeur tenu de porter cette médaille à la boutonnière de son habit, attachée avec un ruban de soie violet (1), en tout temps, en tous lieux et en toute occasion, sans pouvoir la quitter. La bourse que M. Duchesne avait portée fut déposée dans le trésor de la ville « pour conserver à la postérité, disent les registres de l'échevinage, la mémoire de cet ancien ornement. » On ignore ce qu'il est devenu ainsi que bien d'autres objets non moins curieux.

(1) Cette couleur était celle de la ville.

1753

Robert-Vulfran SANSON,

Ecuyer, seigneur du Caurroy, Ercourt et autres lieux, conseiller secrétaire du roi, maison et couronne de France.

Cette année, les mayeurs de bannières avaient déclaré, comme ils l'avaient déjà fait en 1751 et 1752, ne vouloir admettre aucun autre candidat que M. Duchesne de Courcelles. Pour les faire départir de cette prétention, il fallut leur montrer l'ordonnance royale portant que les fonctions de maire ne pouvaient alors être exercées pendant trois ans par la même personne. Ils durent, en conséquence, se désister, et leurs suffrages se portèrent sur M. Sanson. (Manuscrits de M. Siffait.)

1754

Robert FUZÉLIER,

Ecuyer, seigneur d'Ailliel, conseiller du roi, président trésorier de France au Bureau des finances d'Amiens.

1755

Charles-Louis PICQUET,

Chevalier, seigneur de Bonnainvillers, Noyelles-en-Chaussée, Crécy et autres lieux, chevalier de Saint-Louis, ancien capitaine au régiment de Piémont.

1756

Philippe LESPERON,

Chevalier, seigneur de Naucelle, La Neufville et autres lieux, chevalier de Saint-Louis, ancien lieutenant-colonel de cavalerie.

1757

Charles-François du MAISNIEL,

Seigneur de Belleval, conseiller du roi, lieutenant en l'Election de Ponthieu.

5

1758

Charles LEFEBVRE,

Seigneur du Grosriez, conseiller-magistral en la Sénéchaussée de Ponthieu.

1759—1760

Nicolas-Jean DOUVILLE,

Seigneur de Maillefeu, conseiller - magistral, membre de l'académie des sciences, arts et belles-lettres d'Amiens.

Réélu à l'unanimité en 1760. Cette famille, l'une des plus anciennes d'Abbeville, compte parmi ses membres un docteur en théologie qui obtint de grands succès. Voici ce qu'on lit dans les registres des argentiers, année 1485 :

« A monsieur maistre Pierre Douville, docteur en théologie, la somme de vingt livres, à lui donnée et payée par l'advis et délibéracion des deux colléges de ceste ville pour aidier à faire sa feste là où le roi nostre sire a esté en personne ; ledit don a lui fait en ayant regard ad ce qu'il est natif de ceste dite ville et que Laurent Douville, son père, est l'un des eschevins d'icelle et aussi que messieurs de l'Université de Paris ont rescript de l'abilité et science d'icelui maistre Pierre, en le recommandant auxdits maire et eschevins. »

1761

Adrien GAILLARD,

Seigneur de Boencourt, ancien capitaine d'infanterie au régiment de Guienne, chevalier de Saint-Louis.

1762

Charles-Nicolas de DOMPIERRE,

Conseiller du roi, son procureur en l'Election de Ponthieu.

1763—1764

Nicolas-Pierre DUVAL,

Seigneur de Soicourt, conseiller du roi, son lieutenant particulier, assesseur criminel en la

Sénéchaussée de Ponthieu.

Ce qui s'était passé en 1751, 52 et 53 pour M. Duchesne de Courcelles se renouvela en 1764 pour M. Duval de Soicourt.

1765—1767   JEAN LEVESQUE,

Seigneur de Flixicourt, Angerville, Neuvilette, Fouilly et autres lieux, conseiller du roi.

M. Levesque de Flixicourt fut nommé par ordonnance royale, datée de Compiègne, le 3 août 1765, conformément à l'édit du mois de mai de la même année, contenant réglement pour l'administration des villes et des bourgs du royaume. Cet édit porte, entre autres dispositions, que les notables et les officiers municipaux (1) auront à présenter trois candidats, dont l'un sera choisi par le roi pour exercer les fonctions de maire (2).

1768—1771   LOUIS-JEAN-BAPTISTE GAILLARD,

Chevalier, seigneur de Framicourt et autres lieux.

Nommé par ordonnance royale, datée de Versailles, le 24 septembre 1768 pour exercer pendant trois années, conformément à l'édit de mai 1765.

Les notables chargés de nommer les candidats à la mairie avaient choisi messieurs:

1° GRIFFON D'OFFOY;

2° LE SERGENT D'HEMERVILLE;

3° BOUTEILLER, conseiller du roi.

Mais le 18 septembre suivant, le duc de Lavrillière, ministre

(1) Les assemblées des notables seront composées du maire, des échevins, des conseillers de ville et de quatorze notables. (Art. 29.)

(2) Le maire exercera ses fonctions pendant trois années, à l'expiration desquelles il sera procédé au jour accoutumé à son remplacement... sans qu'il puisse être continué ni élu de nouveau, si ce n'est après un intervalle de trois années depuis la cessation de ses fonctions. (Art. 12.)

Voir Recueil des anciennes lois françaises par Isambert, T. 22. P. 434.

d'Etat, écrivit aux officiers municipaux, que bien que ces candidats fussent très capables, le roi avait égard aux représentations qu'ils avaient faites pour être dispensés, cette fois, de remplir les fonctions de maire ; qu'en conséquence, sa majesté désirait que l'on procédât à l'élection de trois autres personnes également dignes, et disposées à accepter le mandat que l'on voudrait leur conférer. Les notables s'étant réunis de nouveau le 11 octobre, leur choix se porta sur messieurs :

1° NICOLAS DU BOIS, chevalier, comte de Bours, seigneur de Gueschart, Villeroy et autres lieux ;

2° SANSON, écuyer, seigneur de Frières ;

3° GALLET, avocat, seigneur de Ligescourt, ancien procureur fiscal de la ville.

Mais ce ne fut que le 14 novembre 1772 que Louis XV fit connaître qu'il avait nommé mayeur-commandant d'Abbeville

1772

ADRIEN GAILLARD,

Chevalier de Boencourt, seigneur de Vaux et autres lieux et chevalier de Saint-Louis.

Et lieutenant de maire

CLAUDE GRIFFON D'OFFOY,

Chevalier de Saint-Louis, ancien capitaine d'infanterie au régiment de Flandre.

Jusque-là M. ANDRÉ-FRANÇOIS MICHAULD, avocat en parlement, greffier-en-chef de la maîtrise particulière des eaux et forêts au siége d'Abbeville, et premier échevin, exerça les fonctions de mayeur.

1773—1774 ## ADRIEN GAILLARD DE BOENCOURT.

Le roi ayant jugé à propos de dispenser M. GAILLARD de remplir plus longtemps l'office de maire, écrivit le 30 septembre, du palais de Versailles, qu'il avait choisi, pour lui succéder,

M. GRIFFON D'OFFOY, son lieutenant, et M. DE BUISSY D'ACQUET pour remplacer M. GRIFFON.

1775—1776	CLAUDE GRIFFON D'OFFOY.
1777—1781	GABRIEL-AUGUSTIN BLONDIN,

Ecuyer, seigneur de Bazonville, chevalier de Saint-Louis, ancien capitaine d'infanterie au régiment de Haynault.

Ce mayeur fut nommé par le comte d'Artois, apanagiste du comté de Ponthieu, à qui appartenait, au titre de son apanage, la nomination des magistrats municipaux d'Abbeville, capitale de ce comté, attendu que cette ville n'avait pas acquis les offices municipaux.

Lieutenant de maire :

NICOLAS DUVAL DE SOICOURT,

Ancien mousquetaire du roi.

1782   MARIE-LOUIS-JOSEPH DE BOILEAU,

Ecuyer, seigneur de Tenéde,

Nommé, le 2 février 1782, lieutenant de maire par le comte d'Artois, administra pour M. de Bazonville, qui ne pouvait, à cause de ses affaires particulières, accomplir les devoirs de sa charge.

M. de Boileau, jurisconsulte et littérateur, né le 17 août 1741, à Dunkerque, d'une famille très ancienne du Languedoc, prétendait être issu d'Etienne Boileau, prévôt de Paris, sous le règne de Louis IX, à qui l'on doit le premier recueil que l'on ait fait des réglements sur les corporations industrielles de la capitale du royaume et le plus ancien monument de la législation des communautés d'artisans en France. De Boileau s'était établi, comme jurisconsulte, en 1766, à Abbeville, où il épousa mademoiselle Mélanie Mauessier (1) et quitta cette ville en 1804,

(1) Mademoiselle Mélanie de Boileau, leur fille unique, née à

pour se rendre à Paris où l'appelaient ses talents et son
goût pour la littérature. Il a publié plusieurs ouvrages de
droit. « L'un deux, dit M. Quérard, a obtenu les honneurs
de deux réimpressions, ce qui semble prouver que, pour
l'époque, il n'était pas sans mérite. Dans les dernières
années de sa vie, il défendit par plusieurs écrits, avec chaleur,

Abbeville, « était institutrice dans les premières années de ce
siècle, dit M. Quérard, et vraisemblablement cette position
ne lui permit pas d'avouer deux romans qu'elle fit paraître en 1808. Deux ans plus tard, Mlle de Boileau publia
un *Cours élémentaire d'Histoire universelle*, rédigé sur un
nouveau plan. Cet ouvrage forme 10 volumes, dont les
quatre premiers sont consacrés à l'histoire ancienne et les
six derniers à l'histoire moderne. On remarque dans ce
cours une grande exactitude et une heureuse disposition
de matériaux. Mais il est à regretter que l'auteur n'ait pas
donné plus de soins à son style, qui fourmille d'incorrections.
Mlle de Boileau dédia son ouvrage à S. A. I. et R. Madame
mère : elle le présenta plus tard à la reine de Naples, ce qui
lui valut de la part de cette princesse une superbe bague
enrichie de diamants. Jeune encore, Mlle de Boileau res-
sentit la première atteinte d'une aliénation mentale. C'était
sous l'Empire : à cette époque, elle était maîtresse d'un pen-
sionnat du gouvernement : cette maladie l'en fit congédier.
Depuis lors, des accès s'étant renouvelés assez périodiquement,
cette demoiselle a dû se consacrer exclusivement aux lettres,
tant que la liberté d'esprit le lui a permis. Après la Restaura-
tion, Mlle de Boileau a encore écrit deux romans, et a com-
mencé un *Atlas historique, chronologique et littéraire* qui n'a
pas été achevé. Ce dernier ouvrage et le cours dont nous avons
parlé prouvent que Mlle de Boileau était familière aux travaux
d'érudition. Le dernier livre publié par cette demoiselle est
aussi un roman intitulé : *Trois Nouvelles politiques* (1824, in-8°),
qui ont pour titre : « *Les Ultras, ou la Manie de la célébrité ;
le Ton du siècle, ou l'Esprit de parti ; le Pour et le Contre, ou
le Jeune Libéral...* » On lit dans l'introduction de ce singulier

la liberté individuelle, et s'occupa des améliorations à faire dans l'ordre judiciaire. Il s'est occupé d'infatigables recherches à ce sujet; et les *Notions Sommaires sur les Septuagénaires* avaient obtenu l'attention des deux chambres dans la session de 1816. Les productions littéraires de Boileau lui avaient fait ouvrir les portes de diverses sociétés savantes: il était

roman, dont M. Quérard donne l'analyse (1), que « C'est une triste chose qu'un gouvernement représentatif; qu'un tel gouvernement ne permet pas de vivre en paix et de jouir tranquillement des douceurs d'une heureuse aisance... » Après la Révolution de 1830, qui blessa les opinions de Mlle de Boileau, dit M. Quérard, cette demoiselle, respectable d'ailleurs, se mêla aux coteries des plus obscurs légitimistes, et leurs sourdes menées absorbèrent tous ses instants.

OUVRAGES DE Mlle MÉLANIE DE BOILEAU.

I. Eliza, ou les Trois Chasseurs, Paris, 1808, 2 vol. in-12. — II. La Princesse de Chypre, roman historique, Paris, 1805, 5 vol. in-12, publié sous le pseudonyme d'*Ursule Scheutlerie*. — III. Cours élémentaire d'Histoire naturelle, rédigé sur un nouveau plan, ou Lettres de madame d'Yvry à sa fille, par Mlle M. de B....., institutrice, Paris, Dentu, 1809, 10 vol. avec 2 cartes. — IV. Azélie, ou les Vicissitudes, Paris, veuve Lepetit, 1817, 3 vol. in-12. — V. Appel à la Nation française ou Réflexions suggérées par les funérailles de S. A. R. Mgr. le duc de Berry, Paris, Le Normand; Pichard; l'auteur, 1820, broch. in-8°. — VI. Atlas historique, chronologique et littéraire, Paris, l'auteur, 1820, in-f°. Cet atlas, qui devait avoir 7 livraisons, n'a pas été achevé : les 10 tableaux publiés renferment les « Histoires anciennes de France et d'Angleterre. » Rien, disait le *Journal des Débats*, rien n'est plus propre que l'inspection de ces tableaux à fixer dans la mémoire et les événements importants et leur date précise et le souvenir des

(1) Voir la Littérature française contemporaine, t. II, p. 76. — Revue encyclopédique, t. XXIV, p. 440.

membre de l'Athénée des arts de Paris et de la Société académique de la même ville, de la Société d'émulation d'Abbeville, etc. De Boileau est mort à Paris le 7 avril 1817. Sa fille était depuis ses malheurs la consolation et le seul soutien de sa vieillesse. » (Voir la liste de ses ouvrages dans la *Littérature française contemporaine* t. II p. 77.)

1782—1785   Eugène-François-André de PIOGER,

Chevalier, seigneur de Rétonval et autres lieux, chevau-léger de la garde du roi, chevalier non profès des ordres royaux, militaires et hospitaliers de Saint-Lazare et de Notre-Dame du Mont-Carmel.

M. de Pioger, premier échevin d'Abbeville, fut nommé, le 8 juin 1782, maire de cette ville par le comte d'Artois, en vertu du droit inhérent à sa qualité d'apanagiste du comté de Ponthieu de nommer à tous les offices dépendants de son apanage.

M. de Pioger, ayant sollicité sa démission, fut dispensé en 1785. On présenta alors au comte d'Artois une liste de trois candidats parmi lesquels il choisit M. Le Comte de Crécy pour remplacer M. de Pioger, et pour occuper la charge de lieutenant de maire, M. Sanson de Zoteux; mais ces messieurs refusèrent, et la mairie resta vacante pendant plus d'un an. M. Douville de Maillefeu, alors premier échevin, présida le corps de ville, mais comme il désirait aussi se démettre

personnages célèbres qui les ont dirigés ou qui y ont influé; enfin à les apprendre à ceux qui les ignorent, à les rappeler à ceux qui, quelque bien qu'il les aient sus, en ont certainement beaucoup oublié. » — VII. Trois Nouvelles politiques, Paris, Tenon; Ladvocat; l'auteur, 1824, in-8° de 303 pages.

On avait annoncé, comme devant paraître, un ouvrage d'éducation du même auteur, intitulé *le Jeune Hospitalier*, 2 vol. in-18.

de cette charge, ses collègues le pressèrent d'accepter le titre de mayeur. Il y consentit, et le comte d'Artois fut supplié de se rendre au vœu des habitants et de nommer lieutenant de maire M. Dequeux, lieutenant particulier en la Sénéchaussée de Ponthieu. Mais quelques jours après, une lettre de M. de Montchevrel, secrétaire des commandements du prince, apprit au corps municipal que son altesse royale, sur le refus fait par plusieurs citoyens d'exercer la mairie, avait promu à cet emploi M. de Comeyras, chevalier de Saint-Louis, gouverneur des pages de madame la comtesse d'Artois. La nomination de cet étranger parut aux officiers municipaux contraire aux principes généraux établis par les lois du royaume qui ne permettaient pas que le chef d'une commune pût être pris ailleurs que parmi les membres de cette même commune; elle était également contraire au texte de l'édit de Henri IV, portant confirmation des priviléges de la ville, et il fut décidé qu'on adresserait des représentations au prince et à M. le baron de Breteuil, ministre, ayant le département des hôtels de ville.

Le 18 juin 1786, le comte d'Artois nomma JEAN-BAPTISTE-CHARLES DEQUEUX, lieutenant particulier, aux fonctions de lieutenant de maire, et le 3 juillet de la même année, maire d'Abbeville,

1786

PIERRE-JEAN-FRANÇOIS DOUVILLE,

Chevalier, seigneur d'Ouville-les-Ailliel, Maillefeu et Villeroy, ancien gendarme de la garde du roi et capitaine de cavalerie.

« En considération, dit le brevet, de la manière distinguée avec laquelle il a rempli les fonctions de la place de maire d'Abbeville, qui était vacante, et pour lui donner un témoignage particulier de satisfaction et de bienveillance. »

M. Douville exerça dignement ses fonctions jusqu'au 13 octobre 1789, époque à laquelle M.

1789

JEAN-BAPTISTE-ADRIEN TILLETTE,

Chevalier, comte de Mautort, seigneur de Cambron et autres lieux, capitaine commandant au corps royal d'artillerie,

Fut élu, conformément à l'ancienne constitution de la ville, et par suite de la démission des officiers municipaux en charge, et continué dans ses fonctions en 1790, en vertu du décret de l'Assemblée nationale du mois de décembre 1789 sur la constitution des municipalités (1).

1790—1791   LEBOUCHER DE RICHEMONT,

Seigneur d'Ailly,

Remplaça M. Tillette de Mautort quand ce dernier fut promu au district (2).

Vingt-quatre notables composaient alors le conseil général de la commune.

M. de RICHEMONT fils, ancien président du canton de Gamaches, et depuis maire de Noyon, a publié: *Notice historique sur les Voyages des papes en France, sur le Sacre de nos rois et sur leurs Relations avec la Cour de Rome*, Paris, Fain jeune, 1804, in-8o. Cet ouvrage, qui a été traduit en italien, Paris, Debrai, 1805, in-12, est dédié au prince Louis Bonaparte. — II. Discours prononcé.... sur la Grande-Place de Noyon, le 19 mai 1816,

---

(1) L'établissement des communes, telles qu'elles existent à présent, tire son principe des décrets de l'Assemblée constituante qui, en supprimant les anciens corps municipaux, les ont remplacés par de nouvelles institutions uniformes et communes à toutes les localités.

« Toutes les municpalités du royaume, soit de ville, soit de campagne, étant de même nature et sur la même ligne dans l'ordre de la Constitution, porteront le titre commun de municipalité, etc. (*Instruct.* de l'Assemblée nationale sur le décret du 14 décembre 1789). » Voir, sur le régime municipal remanié par l'Assemblée constituante et la Convention nationale, l'*Histoire du Consulat et de l'Empire*, par M. Thiers, Paris, 1845, in-8°, t. Ier, p. 110.

(2) M. le comte DEJEAN, inspecteur-général du génie sous le règne de Napoléon, avait épousé en premières noces, à Abbeville, où il était alors ingénieur en chef, la sœur de M. Leboucher de Richemont.

au sujet de l'inauguration du buste de S. M. Louis XVIII-le-Désiré, etc., Paris, 1816, in-8° de huit pages.

1792 — FRANÇOIS-ANTOINE-NICOLAS DU BELLAY.

Fonctionnaire éclairé, citoyen dévoué aux intérêts de son pays, calme en présence de circonstances imprévues ou difficiles, M. DU BELLAY parvint à force d'habileté et de persuasion à assurer l'exécution des lois sans froisser aucune opinion, sans nuire à aucun intérêt. — Peu de temps après le 10 août, il favorisa, au péril de sa vie, la fuite en Angleterre de M. le duc de Larochefoucauld-Liancourt.

1793 — CHARLES-VULFRAN GOUDALIER,

Fut élu au mois de décembre 1792, et eut le bonheur de remplir jusqu'à la fin de juillet 1793 les obligations imposées à sa charge en désarmant toutes les hostilités par le respect qu'inspire la droiture des intentions.

1793—1795 — ALEXIS GLACHANT,

Il exerça jusqu'au 13 février 1795, et se fit remarquer, comme son prédécesseur, par sa modération et son esprit conciliant.

1795 — PIERRE LEROY, entrepreneur,

Fut nommé par le représentant du peuple Florent Guiot, le 24 février 1795. Il administra sagement.

1796—1798 — Installation de nouveaux officiers municipaux élus par le peuple. Ces officiers, qui prirent le titre d'administrateurs municipaux de la commune et canton d'Abbeville, étaient: MM.

LEFEBURE DE CERISY, président,

(Le titre de maire fut alors supprimé.) ROUSSEL fils aîné, P. TRAULLÉ, Emmanuel BAILLON (1), Isidore VIGNON, PONTI-

(1) M. Baillon, ex-inspecteur des domaines et bois du comté de Ponthieu, était né à Montreuil en 1744 et résidait, depuis quelques années, à Abbeville, où il mourut en 1802. Premier

COURT fils, DUFLOS-MORAND.

M. LEFEBURE DE CERISY se démet de sa charge le 25 septembre 1797, et, cédant aux vœux de ses concitoyens, reprend ses anciennes fonctions.

20 avril.—Installation de l'administration municipale élue un mois auparavant par les assemblés primaires du canton.

1798   ALEXANDRE GORET

Est élu président et demeure en exercice jusqu'au 20 avril 1799.

Administrateurs municipaux : MM. HERMANN, DUFLOS-MORAND, TRONNET-HUGOU, Firmin DELATTRE, BRETON l'aîné, MANNIER-BARRÉ.

20 avril. — Nouvelles élections.

1799   PIERRE – NICOLAS COULOMBEL, président.

Administrateurs : MM. TRONNET, LARGILLIÈRE, DUFLOS-MORAND, Pierre-Firmin DELATTRE, MOREL fils, HERMANN, MANNIER-BARRÉ, BRETON l'aîné.

1800   FÉLIX CORDIER, maire,

Nommé par le premier consul, en exécution de la fameuse loi du 28 pluviose an VIII (17 février 1800) qui a constitué en France la centralisation administrative.

correspondant du Muséum d'histoire naturelle et membre de plusieurs sociétés savantes. M. Baillon, qui mérita l'estime de tous les partis par sa loyauté, s'est fait un nom distingué comme naturaliste. Voici ce qu'on lit dans le Magasin Encyclopédique (9e année, t. 3) : « M. Baillon a fourni d'amples matériaux à l'histoire naturelle, particulièrement à l'ornithologie. Son nom, fréquemment cité dans les ouvrages de l'immortel Buffon, prouve combien ce savant naturaliste estimait le génie observateur de Baillon. » (Voir pour plus amples détails la Biographie d'Abbeville, p. 334.)

Adjoints: MM. Stanislas LARGILLIÈRE ET MOREL DE CAM-PENNELLE (1).

M. Félix CORDIER, ayant été nommé juge au tribunal civil, cessa d'administrer la ville le 12 août 1800. — M. MOREL DE CAMPENNELLE, premier adjoint, le remplaça jusqu'au 1er septembre de la même année, époque à laquelle un arrêté du premier consul appela aux fonctions de maire M.

1800

LEFEBURE DE CERISY,

Qui exerça ces mêmes fonctions jusqu'au 1er juillet 1816 (2).

La longue durée de la magistrature de M. de Cerisy sous le règne de Napoléon, si difficile sur le choix des hommes, témoigne suffisamment de la capacité et du zèle de cet honorable magistrat.

Adjoints: MM. MOREL DE CAMPENNELLE. — LARGILLIÈRE.

1816

NICOLAS-LOUIS DULIÈGE D'AUNIS,

Propriétaire,

Fut nommé en vertu de l'ordonnance du 13 janvier 1816, sur le renouvellement quinquennal des maires et adjoints.

(1) Le corps municipal se compose d'un maire, qui en est le chef, qui en fait les actes; et d'un conseil qui délibère et vote sur les intérêts dont il est le gardien.... Outre le maire, il y a dans chaque commune un ou plusieurs adjoints qui remplacent cet administrateur, en cas d'absence ou d'empêchement légitime, et qui, par cela même qu'ils le représentent, ne peuvent concourir avec lui aux actes d'administration qui lui sont propres. (Loi du 28 pluviose, an VIII.) *Histoire du Consulat et de l'Empire*, par M. Thiers, édit de 1845. T. 1er, p. 184.

(2) Le fils de ce magistrat, M. Charles de Cerisy, l'un des hommes qui honorent le plus notre ville, y naquit dans la paroisse Saint-Georges, le 18 septembre 1789. Il commença ses études à Abbeville, chez l'abbé Delétoille, obtint du premier consul une bourse à l'école centrale de Caen, fut ensuite reçu

Le Conseil municipal, sur la proposition de M. d'Aunis, vota des remercîments à MM. de Cerisy, Morel de Campennelle et Largillière, pour les services qu'ils avaient rendus à la ville pendant une très longue et souvent pénible administration, et témoigna, tant en son nom qu'en celui des habitants, toute leur

à l'école polytechnique, et après avoir été promu au grade d'ingénieur de la marine royale, il fut employé en France et en Italie. Il venait de recevoir de M. de Clermont Tonnerre, son parent par alliance, et alors ministre, la permission de parcourir l'Angleterre pour en rapporter des observations, lorsque Méhémet-Ali demanda au gouvernement français un ingénieur pour créer en Egypte un arsenal et une escadre. « Méhémet-Ali pouvait seul concevoir un projet aussi gigantesque, dit l'auteur du *Voyage du Luxor*; mais pour une exécution si rapide, il lui fallait un homme de talent qui pût le comprendre, entrer dans ses vues et lui résister souvent à lui-même; un homme doué d'un caractère inflexible afin de briser toutes les volontés, rompre toutes les habitudes et plier au joug de la règle et de la discipline les premiers officiers comme le dernier des huit mille fellahs appelés des travaux de la campagne à ceux des divers ateliers. Cet homme, il le trouva dans M. de Cerisy, ingénieur des constructions navales de France. C'est le plus beau présent que nous pûssions faire à ce prince; le don des obélisques ne l'a pas acquitté. »

De nombreux témoignages d'admiration, et certes le mot n'est point exagéré, ont été rendus au talent supérieur de M. de Cerisy. Nous croyons faire plaisir à nos lecteurs en mettant sous leurs yeux cet extrait du voyage du maréchal de Raguse.

« ..... Le 15, j'allai visiter l'arsenal et l'escadre. J'étais extrêmement impatient de voir cette création étonnante, et pour ainsi dire incompréhensible. En 1828, il n'existait sur la presqu'île d'Alexandrie qu'une plage aride et déserte. Je la trouvai, en 1834, couverte par un arsenal complet, bâti sur la plus grande échelle; par des cales de vaisseaux, des ateliers de tous les genres, des magasins pour tous les approvisionnements,

reconnaissance du zèle, des soins et de l'activité qu'ils avaient constamment montrés pour maintenir le bon ordre, et déclara que pendant la longue carrière administrative qu'ils avaient parcourue, ils avaient su allier, dans des circonstances difficiles,

une corderie de mille quarante pieds de longueur (dimension égale à celle de la corderie de Toulon). J'y trouvai rassemblés des ouvriers nombreux, habiles dans tous les métiers qui se rattachent au service de la marine et qui tous étaient égyptiens: tout cela organisé, en mouvement, en plein service. Et de cet arsenal, dont les fondations datent de six ans, il est sorti dix vaisseaux de ligne de cent canons, dont sept étaient armés, avaient déjà navigué, et trois étaient sur le chantier, prêts à être lancés à l'eau. Je ne parle pas des frégates de divers rangs, des corvettes et des bricks, qui portent la flotte à plus de 30 bâtiments armés. Ces prodigieux résultats ont été obtenus avec cette promptitude si grande dans un pays où il n'y a ni bois, ni fer, ni cuivre, ni ouvriers, ni matelots, ni officiers de marine; aucun des éléments enfin qui peuvent servir à la création d'une escadre. Je ne crois pas que l'histoire du monde entier ait jamais présenté dans aucun temps rien de pareil. Ce phénomène est dû au talent remarquable, à l'activité, à l'esprit d'ordre et de prévoyance que possède au plus haut degré M. de Cerisy, et à cette volonté de fer du pacha qui subjugue et amène tout au résultat qu'il a déterminé.

« M. de Cerisy forma au nombre de 17 des compagnies d'ouvriers de cent hommes; il les composa des plus intelligents, et les emplois d'officiers furent donnés aux ouvriers qui se montrèrent les plus habiles dans chaque métier. » Le parti qu'en a tiré M. de Cerisy montre autant leur aptitude que la haute capacité de cet ingénieur. Quelques uns, en trois ans, sont parvenus à tracer des vaisseaux selon toutes les coupes et toutes les courbures les plus compliquées.

M. de Cerisy, après avoir reçu du vice-roi le titre de bey, fut nommé général en 1833. Il revint en France quelques années après, et réside aujourd'hui dans une campagne aux environs de Toulon. (Journal d'Abbeville, 14 octobre 1845.)

la prudence à la fermeté ; que tous les actes de leur administration n'avaient été que pour l'avantage de leurs concitoyens ;
que l'intérêt général avait été l'objet de leur constante sollici-
tude; que même dans les moments critiques ils n'avaient
consulté que le bien public et nullement leur tranquillité, et
qu'ils avaient bien mérité de la ville. (*Registre aux délibérations
de la mairie.*)

Adjoints : MM. Morel de Campennelle. — Hecquet de
Rocquemont.

Le 21 février 1830, M. Jules Douville remplaça M. Hecquet
de Rocquemont, démissionnaire.

On doit à l'administration de M. d'Aunis la Halle-aux-
Volailles, le Champ-de-Foire, l'organisation de la Bibliothèque
publique, le rétablissement des Ecoles chrétiennes et la création
des Ecoles gratuites de dessin, de musique, de géométrie et
de mécanique, appliquée aux arts et aux métiers.

1830—1842 HIBON de MERVOY,

Ancien chef de cohorte de la garde nationale d'Abbeville.

Né à Calais en 1778, fut nommé le 11 septembre 1830 et
mourut le 26 avril 1842, dans l'exercice de ses fonctions.

Adjoints : MM. Racine-Deroussent, propriétaire, Benjamin-
Victor - Mathieu Morel, négociant.

M. Racine étant mort, peu de temps après, fut remplacé
par M. Grégoire-Joseph-Alexandre Wallois, ancien notaire,
qui mourut aussi dans l'exercice de ses fonctions, et
M. Nicolas Flaman lui succéda le 21 septembre 1840.

« L'esprit bienveillant de M. Hibon et la modération de son
caractère, qualités toujours précieuses chez un magistrat municipal, le devenaient encore davantage en raison de l'époque
et des circonstances au milieu desquelles il se vit tout-à-coup
appelé à veiller sur la tranquillité de la ville dont l'administration lui était confiée. Plus tard, et après que, en exécution
des promesses de la Charte de 1830, la loi fût venue rendre

électives lés fonctions des conseils municipaux, trois réélections successives en 1831, 1834 et 1840 conservèrent à M. Hibon le mandat qu'il tenait du vœu de ses concitoyens, et quatre fois la haute confiance du roi lui conféra de nouveau le droit et le devoir de diriger l'administration municipale de la seconde ville du département (1). »

Nommé chevalier de la légion d'honneur, en 1831, M. Hibon fut élu en 1833 membre du conseil général de la Somme et réélu en 1839. Les témoignages d'estime dont la ville a honoré sa mémoire sont consignés dans l'*Abbevillois* du 4 mai 1842, dans le *Journal d'Abbeville* du jour précédent, et nous y renvoyons.

1842   VICTOR MOREL,

Premier adjoint, remplit les fonctions de maire par intérim jusqu'au 16 janvier 1843, époque à laquelle il se démit de sa charge et de son titre de conseiller municipal.

Il a reçu depuis la croix d'honneur.

1843   VAYSON (JOSEPH-MAXIMILIEN),

Chevalier de la légion d'honneur.

Adjoints : MM. Jacques-Vulfran-Amédée DELEGORGUE, avocat, Louis-Alexandre-Edmond-PANNIER, propriétaire.

M. VAYSON, quoique étranger par sa naissance à notre ville, avait pris depuis longtemps droit de cité parmi nous en devenant propriétaire de la belle manufacture de tapis dont il soutient si heureusement la vieille réputation, et en établissant au Pont-Remy une importante filature de laine. Appelé par les suffrages électoraux de nos compatriotes au conseil général du département de la Somme et à la chambre des députés ; par le

---

(1) Extrait du discours prononcé sur sa tombe par M. Datens, sous-préfet.

choix du gouvernement au conseil général des manufactures, il a mis au service des intérêts de notre ville, pendant une administration de cinq ans, une activité que le bien public a trouvée toujours infatigable.

1848

Amédée DELEGORGUE,

Avocat et membre du conseil général de la Somme,

Fut, par arrêté du gouvernement provisoire, appelé aux fonctions de maire, et installé le 8 mars 1848.

Adjoint : M. Edmond Pannier.

Le 29 août, de la même année, le président du conseil des ministres, chargé du pouvoir exécutif, confirma la nomination de M. Amédée Delegorgue et de M. Edmond Pannier, et choisit M. Charles-Noël-Antoine-Toussaint Bachelier, avoué, pour remplacer, en qualité d'adjoint, M. Flaman, démissionnaire.

Aucune agitation sérieuse n'a troublé notre ville pendant les jours difficiles qui ont suivi la révolution de février. L'ordre a été garanti, non seulement par le bon esprit de notre classe ouvrière, mais par la confiance que la sagesse et la fermeté des nouveaux magistrats inspirait à la population tout entière. M. Ernest Delegorgue, frère du maire actuel, et commandant de la garde nationale, antérieurement au 24 février, en a été depuis nommé colonel par 850 suffrages sur 858 votants. Abbeville peut aujourd'hui être cité sous le rapport de l'ordre et de la bonne administration, et grâce aux améliorations qui s'y réalisent chaque jour, nous marchons enfin dans cette voie de progrès où l'on nous a, et non sans raison, reproché d'être restés quelquefois en arrière.

FIN.

Abbeville, imp. de T. Jeunet.

Abbeville. — Imprimerie T. JEUNET, rue Saint-Gilles, 108.